EL CÍRCULO
ESCARLATA

CÉSAR MALLORQUÍ

EL CÍRCULO ESCARLATA

edebé

© César Mallorquí, 2020

© Edición: Edebé, 2020
Paseo de San Juan Bosco, 62
08017 Barcelona
edebe.com

Directora de Publicaciones: Reina Duarte
Editora de Literatura Juvenil: Elena Valencia
Diseño de la colección: Book & Look
Fotografía de cubierta: Freepik

10.ª edición

ISBN: 978-84-683-4896-4
Depósito legal: B. 8354-2020
Impreso en España / Printed in Spain

Queda terminantemente prohibido cualquier uso de esta publicación para entrenar tecnologías de inteligencia artificial (IA) generativa. El autor y el editor se reservan todos los derechos de licencia de uso de esta obra para dicho fin y para el desarrollo de modelos lingüísticos de aprendizaje automático.

Cualquier forma de reproducción, distribución, comunicación pública o transformación de esta obra solo puede ser realizada con la autorización de sus titulares, salvo excepción prevista por la ley. Diríjase a CEDRO (Centro Español de Derechos Reprográficos) si necesita fotocopiar o escanear algún fragmento de esta obra (www.conlicencia.com; 91 702 19 70 / 93 272 04 45).

*Este libro está dedicado a Reina Duarte y Conchi Marín,
mis amigas de siempre en el turbulento mundo editorial.*

La emoción más antigua y más intensa de la humanidad es el miedo, y el más antiguo y más intenso de los miedos es el miedo a lo desconocido.

H. P. LOVECRAFT

Índice

1. Una llamada inesperada 11
2. Regreso a Villa Candelaria 29
3. La Mansión Kraken 40
4. La historia de la criada 60
5. *Narraciones Terroríficas* 74
6. La estirpe maldita de los Salazar 92
7. El manuscrito escondido 114
8. La secta del Círculo Escarlata 124
9. El jugador de ajedrez 142
10. Dos besos 158
11. Terror en la Mansión Kraken 175
12. Carlos 189
13. Charlando con un fantasma 209
14. La secta del Círculo Escarlata (final) 214
15. Mensajes en las estrellas 218
16. El ojo de Dios 232
17. Cuatro días después 238
18. Hacia la Luna 250
Epílogo 258

1. Una llamada inesperada

En cierta ocasión, hace ya mucho tiempo, vi un fantasma.
Y luego, cuatro años después, vi otro.
El primer fantasma era amable, incluso olía bien. A nardos. Era el espíritu de Beatriz Obregón; gracias a ella encontré las Lágrimas de Shiva, un fabuloso collar que había estado perdido durante setenta años.
El segundo fantasma fue mucho menos amable. Daba miedo y, desde luego, no olía precisamente a nardos. Tuve un desagradable encuentro con él en la Mansión Kraken, poco después de oír hablar por primera vez del Círculo Escarlata, una oscura y siniestra secta tan antigua como el tiempo. Eso ocurrió en el verano de 1973, cuatro años después de mi estancia en Villa Candelaria, el hogar de mis tíos y mis primas, los Obregón.
Mis primas, *las cuatro flores*: Rosa, Margarita, Violeta y Azucena. Cuántas cosas aprendí de ellas durante aquel verano de 1969 en Santander, cuando un ser humano pisó por primera vez la Luna. Sobre todo Violeta; ella me enseñó los secretos del corazón, fue mi primer amor, un romance adolescente que duró menos de lo que dura un verano, pero que dejó una huella indeleble en mí.

Violeta y yo nos quisimos durante las dos últimas semanas de agosto del 69; después, a comienzos de septiembre, tuve que regresar a Madrid y nos separamos. Al principio, nos escribíamos cartas con frecuencia, como mínimo una cada semana; también hablábamos por teléfono, pero solo de vez en cuando, porque las conferencias eran caras. Eso fue así durante más o menos el primer año de nuestra separación. Pero, poco a poco, las cartas y las llamadas se fueron espaciando, hasta que al cabo de un tiempo cesaron por completo. Teníamos nuestras propias vidas y estábamos muy lejos el uno del otro; era imposible que una relación así prosperase. Además, la última vez que hablamos por teléfono, discutimos. Ella se enfadó conmigo y casi me colgó. De modo que perdimos el contacto, aunque yo no llegué nunca a olvidarla. Es imposible borrar de la memoria a tu primer amor.

Pasaron los años y el mundo fue cambiando lentamente, aunque en España seguía Franco, el viejo dictador; cada vez más viejo y con las manos temblorosas por la enfermedad de Parkinson. Sin embargo, el país comenzaba a despertar de su larga siesta; cada vez se veían más chicos con el pelo largo y más chicas con minifalda, y las manifestaciones resonaban con frecuencia en las fábricas y las universidades. La gente quería libertad y democracia, y cada vez lo gritaba más alto. Aún faltaban unos años para obtenerlas, pero el país ya se estaba sacudiendo el sopor.

Acabé el colegio, hice «preu» y me matriculé en la Universidad Complutense. Escogí la facultad de Físicas; supongo que mi afición a la ciencia ficción influyó en que eligiera una carrera de ciencias. Además, mi padre era químico, y quizá optar por la física había sido una sutil forma de llevarle la contraria. Mi padre se había restablecido por completo de su enfermedad y mi madre seguía tan activa y enérgica como siempre. La verdad es que mi vida no podía ser más corriente, salvo por un pequeño detalle: en el pasado había visto un fantasma. Eso es raro, ¿verdad?

No obstante, con el paso del tiempo, conforme aquella experiencia me resultaba cada vez más lejana, empecé a sospechar que todo había sido fruto de mi imaginación, quizá un sueño tan realista que lo confundí con la realidad. Además, no le había hablado a nadie de «mi» fantasma; no quería que me consideraran un chiflado, de modo que fui relegándolo a un rincón de la memoria. De hecho, esa fue la causa de la discusión con Violeta; le dije que creía haber imaginado mi encuentro con el fantasma de Beatriz Obregón, y ella se enfadó muchísimo. Me dijo que era un «cabeza cuadrada», se despidió con sequedad y colgó. No volvimos a hablar.

Hasta que una mañana de finales de junio de 1973 sonó el teléfono de casa. Ni remotamente podía imaginarme que quien llamaba era mi pasado.

* * *

No hay nada más placentero que acabar el curso con todo aprobado y tener por delante un largo y cálido verano para hacer lo que te venga en gana.

Así me sentía yo a principios de verano del 73; las últimas notas ya habían salido y eran perfectas. Vale, solo conseguí un montón de aprobados y un par de notables, pero a mí me sabían a gloria.

Aquella mañana de sábado me levanté temprano y me di una ducha. Mientras me secaba, contemplé mi imagen en el espejo del cuarto de baño. Un par de años atrás había pegado un estirón que me llevó hasta el metro ochenta y uno de estatura; superaba en cuatro centímetros a mi hermano Alberto, lo cual me llenaba de maliciosa satisfacción. Tenía diecinueve años, el pelo castaño (y demasiado largo, según mi madre), los ojos de color marrón verdoso —o verde amarronado, como yo prefería definirlos— y una constitución atlética gracias a formar parte del equipo de baloncesto de la facultad. La verdad es que no estaba nada mal, pensé satisfecho de mí mismo.

Por desgracia, también me había salido una cada vez más espesa barba, lo que me obligaba a afeitarme a diario. Me enjaboné la cara, pasé minuciosamente la cuchilla y me limpié con agua el jabón sobrante; me eché un poco de *after shave* en las mejillas, con el consiguiente escozor, y regresé a mi cuarto con la toalla enrollada a la cintura, me vestí y fui a la cocina. Allí estaban mis padres, desayunando. Me serví una taza de café con leche y me senté a la mesa, sobre la que descansaba una fuente de pan tostado, mantequilla y un bote de mermelada.

—¿Y Alberto? —pregunté mientras untaba mantequilla en una tostada.

—Aún no se ha despertado —respondió mamá.

—Menudo vago... —murmuré.

Mamá dejó escapar un suspiro.

—¿Algún día os llevaréis bien? —dijo.

—Sí, cuando se vaya de casa.

—Deberíamos echaros a los dos —bromeó papá—. Sois como garrapatas que nos chupan la sangre.

Me encogí de hombros.

—Eso os pasa por haber tenido hijos en vez de perros —repliqué.

Papá se volvió hacia mamá y asintió con fingida solemnidad.

—Mira, en eso tiene razón —dijo—. A lo mejor aún estamos a tiempo de cambiarlos por un par de chihuahuas.

Mamá volvió a suspirar.

—Tres hombres en la misma casa —murmuró en tono compungido—. Qué desgracia la mía... Ojalá hubiese tenido hijas.

Papá me guiñó un ojo mientras bebía un sorbo de café. Tras una larga pausa, preguntó:

—¿Qué vas a hacer estas vacaciones, Javier?

Eso era algo nuevo en mi vida. Hasta hacía poco, se daba por hecho que Alberto y yo iríamos con nuestros padres a pasar las dos primeras semanas de agosto en el apartamento que alquilaban todos los años en Jávea, un pueblecito de Levante. Pero el año anterior, Alberto se fue de viaje con su novia, mientras que yo me iba con mis padres; y, pese a lo insoportable que era mi hermano, me aburrí como una ostra. Pero ahora, por primera vez, podía elegir, así que ese año decidí irme de vacaciones por mi cuenta.

—He quedado con Tito y José Mari en hacer un Interrail en agosto —respondí.

Tito y José Mari eran mis mejores amigos del colegio.

—¿Qué es eso de «Interrail»? —preguntó mamá.

—Un billete muy barato para menores de veinticinco años —respondí—. Puedes viajar durante el verano en todos los trenes de Europa que quieras.

—¿Y adónde iréis? —preguntó papá.

—Aún no lo hemos decidido. Quizá a Francia o a Italia.

—Eso está bien. Viajar expande la mente.

—Pues a mí no me hace ninguna gracia que un crío como tú vaya solo por el mundo a sitios raros —dijo mamá.

—Que tengo diecinueve años —protesté.

—Pues eso, un crío.

—Y además no voy solo, sino con José Mari y Tito.

—Ah, entonces me tranquilizas —ironizó mamá—. Como tus amigos son tan sensatos y responsables...

La experiencia me había enseñado que era inútil discutir con mi madre, así que cerré la boca y solo la abrí para seguir desayunando. Al cabo de un rato apareció Alberto, en pijama y con cara de sueño.

—*Pasmao* —me dijo al pasar por mi lado.

—Capullo —respondí en voz baja.

Mi hermano había cambiado mucho. Estudiaba Derecho y se había echado novia, una compañera de clase llamada Silvia que le llevaba recto como una vara. Desde que salía con ella, hacía ya un par de años, se había vuelto el tío más formal del mundo. No obstante, nuestra mutua rivalidad seguía en pie; ya no nos llevábamos como el perro y el gato, siempre peleando, pero sí como un perro y un gato que se miran con desconfianza y de vez en cuando se gruñen un poco.

Alberto saludó a nuestros padres con un sonido gutural, bostezó ruidosamente y comenzó a servirse una taza de café. Entonces sonó el teléfono. La somnolencia se esfumó del rostro de mi hermano.

—Debe de ser Silvia —dijo, echando a correr.

Se fue tan rápido que no me dio tiempo a decirle que solo faltaba que su novia le pusiera un anillo en la nariz, como a los osos amaestrados. Sin embargo, tardó menos de un minuto en volver; no le llamaba su novia.

—Es para ti, atontado —dijo.

—¿Por qué no intentáis llevaros un poco mejor? —terció mamá en el tono de quien ha perdido ya la esperanza.

—¿Quién es? —le pregunté a Alberto.

—Una tía.

—¿Qué tía?

—Y yo qué sé. Será de la Protectora de Animales, para preguntarte si te cuidamos bien.

Ni siquiera me molesté en contestarle; le dediqué una mirada de desprecio y me dirigí al salón. El auricular estaba descolgado; me senté en un sillón y respondí a la llamada.

—Diga...

—¿Javier? —dijo una voz de mujer.

—Sí, soy yo.

—Vaya, cuánto te ha cambiado la voz; no te había reconocido. Soy Violeta, tu prima.

¡Violeta! Su voz también había cambiado. Sonaba más grave, más profunda. Igual que me ocurría a mí, supongo.

—Violeta, qué sorpresa —dije—. Cuánto tiempo sin saber de ti.

—Sí, la vida, ya sabes; los estudios, la familia, todo eso. ¿Cómo estás?

—Bien, bien; ¿y tú?

—Estupendamente. Mi madre me ha dicho que estudias Físicas.

—Pues sí.

—Te va mucho. —Hizo una pausa y bromeó—: ¿Ya has encontrado al marciano que andabas buscando?

Sonreí.

—Todavía no, pero sigo intentándolo —respondí—. ¿Qué estás estudiando tú?

—Periodismo en Barcelona.

—También te va mucho.

Durante unos minutos continuamos divagando; nos interesamos por nuestros familiares, comentamos los estudios, y empecé a preguntarme para qué me había llamado mi prima. Finalmente, tras una pausa, Violeta dijo:

—¿Por qué no vienes estas vacaciones a Santander?

Así, de sopetón. Me pilló de improviso.

—¿Qué? —murmuré.

—Que te invitamos a pasar el verano en Villa Candelaria, como hace cuatro años. ¿No te apetece?
—Sí, claro, estaría bien; pero no puedo.
—¿Por qué?
—Porque voy a irme de Interrail con unos amigos.
—¿Cuándo?
—De mediados de julio a mediados de agosto.
—Pues posponlo.
—No puedo posponerlo; ya he quedado.

Hubo un largo silencio cuajado de estática al otro lado de la línea.

—¿Violeta?... —murmuré, pensando que la comunicación se había cortado.
—Necesito tu ayuda, Javier —dijo ella.
—¿Para qué?
—No puedo contártelo por teléfono. Pero necesito que me eches una mano, de verdad. Anda, ven.

Respiré hondo. Así era la Violeta que yo recordaba: obstinada y mandona.

—Es imposible, en serio —respondí—. Ya he quedado con dos amigos, no puedo cambiar los planes de repente. Dime lo que es y si puedo ayudarte desde Madrid...
—No; tienes que venir aquí. Por favor, Javier, es importante.

Qué pesada, pensé; era la mujer más insistente del mundo.

—Violeta —dije—: no puedo.

Hubo un largo silencio.

—Vale, perdona si te he molestado —dijo ella en tono seco—. Gracias por nada.

Y colgó.

Estupendo. Después de tanto tiempo, mi prima había vuelto a enfadarse conmigo.

* * *

No volví a tener noticias de Violeta hasta cuatro días después. Yo había pasado la tarde con Tito y José Mari, planificando nuestro viaje. Decidimos hacer el trayecto París, Zúrich, Milán, Venecia y luego el regreso por Génova y el sur de Francia. Durante el invierno habíamos hecho toda suerte de trabajos, desde repartir propaganda hasta servir copas o hacer mudanzas, con el objetivo de reunir dinero para el viaje, así que lo teníamos todo preparado. Solo faltaba comprar los billetes de Interrail y, veinte días más tarde, partiríamos.

Regresé a casa poco antes de las nueve de la noche. Papá y Alberto aún no habían vuelto y mamá estaba en la cocina; faltaba media hora para la cena, así que me senté en el salón con el libro que estaba leyendo —*El hombre demolido*, de Alfred Bester (sí, ciencia ficción)—, puse un disco de Cat Stevens y comencé a leer. Al poco, apareció mi madre.

—Hola, Javier. No te había oído llegar.

—Hola, mamá. ¿Qué hay de cena?

—Judías verdes y tortilla —respondió, sentándose a mi lado.

Torcí el gesto; odiaba las judías verdes. Pero no protesté; mi madre tenía el aspecto de ir a decirme algo, así que dejé el libro a un lado y me la quedé mirando. En los altavoces del tocadiscos sonaba *Morning Has Broken*.

—Esta tarde me ha llamado tu tía Adela —comentó mamá, como de pasada.

Tía Adela, la hermana mayor de mamá y madre de las cuatro flores.

—¿Ah, sí? ¿Qué tal está?

—Bien, como siempre. Hemos hablado de ti; te invita a pasar el verano con ellos en Santander.

Eché la cabeza hacia atrás y respiré profundamente. Eso era cosa de Violeta; como no había logrado convencerme, ahora recurría a su madre.

—Voy a irme de vacaciones con Tito y José Mari, mamá —dije en tono paciente—. Ya lo sabes.

—Ya, ya; pero lo de Santander es mucho mejor plan. ¿No te acuerdas de lo bien que te lo pasaste allí hace cuatro años? ¡Pero si encontraste las Lágrimas de Shiva!

Dejé escapar un suspiro.

—¿Y ahora hay que buscar otro collar perdido? —pregunté con ironía.

—No seas tonto, claro que no. Pero me quedaría mucho más tranquila si aceptaras la invitación de mi hermana. No me hace ninguna gracia que te vayas por ahí como un vagabundo.

—No nos vamos a la selva, mamá; ni a escalar el Everest. Vamos a Francia, Suiza e Italia. En Europa no hay caníbales, ni arenas movedizas, ni fieras salvajes. No me va a pasar nada.

Mamá se incorporó moviendo la cabeza de un lado a otro, como si me diera por imposible.

—Qué terco eres, Javier. De momento no le voy a decir nada a Adela. —Echó a andar hacia la cocina—. Tú piénsatelo.

—No voy a cambiar de idea, mamá —dije con aplastante seguridad. Y, como mi madre ya había salido del salón, lo repetí en voz alta para asegurarme de que lo oyese—: ¡No voy a cambiar de idea!

* * *

Pero, muy a mi pesar, cambié de idea.

O, mejor dicho, los acontecimientos me obligaron a hacerlo. La desgracia se produjo una semana más tarde: Tito tenía un amigo que hacía motocrós; un día fue a verlo, su amigo le dejó la moto, Tito se metió en un circuito... y el muy idiota se rompió una pierna.

A hacer puñetas el Interrail, adiós Europa, adiós Francia, Suiza e Italia, adiós *tour* de vacaciones. José Mari y yo ni siquiera nos planteamos hacer el viaje por nuestra cuenta; aquello era un proyecto de tres y, si no lo llevábamos a cabo todos, no lo haría ninguno. Así que aparcamos el viaje hasta el año siguiente y firmamos en la escayola de nuestro amigo. Yo le escribí: «La próxima vez ponle ruedines a la moto, pedazo de torpe».

La cuestión era que, tras el accidente de mi amigo, ante mí se abrían cuatro alternativas:

1. Irme a Jávea con mis padres.
2. Irme solo a alguna parte.
3. Quedarme solo en Madrid.
4. Aceptar la oferta de Violeta e ir a Santander.

Repasé la lista mentalmente, aunque en realidad no había nada que repasar. La primera opción quedaba automáticamente descartada. La segunda también, porque no me gustaba viajar solo. La tercera era tentadora, pero me hacía sentir como un marginado. De modo que solo quedaba una alternativa: Santander, Villa Candelaria.

Cuando se lo dije, mi madre se puso deprimentemente contenta. Se había salido con la suya: en vez de vagabundear como un pordiosero por la salvaje Europa, su hijo se iría a pasar el verano a casa de sus tíos, como un niño bueno.

Tampoco es que me desagradara la idea; habría preferido el Interrail, claro, pero guardaba buenos recuerdos de Villa Candelaria y de Santander. La verdad es que acabó haciéndome ilusión volver allí y reencontrarme con tío Luis, tía Adela y sus cuatro flores. Pero habían transcurrido cuatro años desde la última vez que nos vimos; ¿estarían muy cambiados? Esa misma tarde le pregunté a mi madre si tenía fotos recientes suyas.

—Pues recientes, no —respondió—. Creo que las últimas que me envió son de cuando estuviste allí en el 69.

Esa noche me telefoneó Violeta. Ya no estaba enfadada; al contrario, estaba encantada: se había salido con la suya, igual que mi madre.

—Muchas gracias, Javier —dijo—. Sabía que podía contar contigo. ¿Cuándo vas a venir?

—No sé —respondí—. A mediados de julio, o así.

—¿No puedes venir antes?

—Pero, bueno, ¿por qué tanta prisa?

Hubo un silencio.

—Tienes razón —dijo ella al cabo de unos segundos—. Por unos días no importa.

—¿Por qué no me dices en qué quieres que te ayude?

Otro silencio.

—Es un asunto un poco extraño —dijo Violeta en voz baja—. ¿Recuerdas las Lágrimas de Shiva? Pues igual de misterioso.

—¿Pero qué es? —insistí, comenzando a impacientarme.

A través del auricular me llegó el susurro de un suspiro.

—Tiene que ver con un millonario llamado Melquiades Salazar, y con su casa, la Mansión Kraken. Pero es mejor que no te lo cuente por teléfono. Debes verlo tú mismo.

—Pero...

—Perdona, Javier. Marga me está metiendo prisa porque quiere usar el teléfono. Por cierto, te manda un saludo. Cuando sepas la fecha de tu llegada, llámame. *Ciao*, primo; gracias otra vez.

Y colgó.

✳ ✳ ✳

Los días fueron pasando con la luminosa pereza del verano. Casi todas las tardes, José Mari y yo íbamos a casa de Tito, que estaba inmovilizado con la pierna derecha embutida en una escayola, y le distraíamos charlando, jugando a las cartas o compitiendo con bólidos en miniatura en la pista de un Scalextric. Algunas mañanas, cuando apretaba el calor, me iba a la Piscina Castilla, que estaba en el Paseo de la Habana; otras las dedicaba a leer, pasear o no hacer nada. Los sábados al mediodía visitaba las casetas de libros de ocasión de la Cuesta de Moyano en busca de viejas novelas de ciencia ficción. El sábado anterior a mi partida compré una para hacer un regalo especial.

El viernes trece de julio, la víspera del viaje, me despedí de mis amigos y regresé temprano a casa para preparar el equipaje. A última hora de la tarde, papá volvió del trabajo; yo ya había hecho la maleta y estaba escogiendo los libros que me iba a llevar. Al pasar por delante de mi dormitorio, mi padre se detuvo en la puerta y se me quedó mirando con una leve sonrisa.

—Hola, papá —le saludé.

—Hola, Javier. —Se adentró unos pasos en la habitación—. ¿Preparándote para el viaje?

—Ya casi he terminado.

Permaneció unos segundos pensativo.

—Estas son las segundas vacaciones que no estamos juntos —dijo—. Las primeras fue por mi enfermedad, pero estas..., bueno, sencillamente porque te has hecho mayor. El año pasado faltó tu hermano, y ahora también tú.

—¿Te parece mal? —pregunté.

—No, no, qué va; me encanta veros volar solos. Aunque también me da un poco de pena, claro; pero no es eso. Lo que pasa es que habéis crecido tanto y tan rápido... ¿Sabes?, los hijos sois como mariposas al revés. Al principio, las mariposas son orugas llenas de pelos que luego se transforman en lindos bichitos voladores. Pero con los hijos ocurre lo contrario: nacéis siendo mariposas, preciosos y encantadores, y luego, poco a poco, os convertís en orugas.

Bromeaba, claro; aunque creo que no del todo.

—¿Nos estás llamando orugas, papá? —repliqué con fingida indignación—. Alberto no te digo que no, pero yo sigo siendo una linda mariposa.

Papá se echó a reír.

—¿Pero cómo vas a ser una mariposa con esa barba? —dijo—. ¡Estás lleno de pelos, Javier, eres una oruga!

Me acarició la cabeza. Entonces se fijó en el libro que tenía en la mano y lo cogió.

—*Más que humano*, de Theodore Sturgeon —dijo, mirando la portada—. ¿Lo has leído?

—Todavía no. Me lo voy a llevar a Santander.

—Te va a encantar.

Papá también era aficionado a la ciencia ficción; de hecho, fue él quien me transmitió el amor por ese género. Recuerdo que, cuando yo era muy pequeño, mi padre me contaba historias antes de dormir; pero no *Caperucita Roja* o *La Cenicienta*, sino relatos de naves espaciales, extraterrestres, robots o viajes en el tiempo. A veces también se le escapaba alguna que otra historia de terror, que me dejaba tembloroso y desvelado; pero nadie es perfecto y, en general, llenó mi infancia de fantasía y prodigios.

Mi padre me devolvió el libro y echó a andar hacia la puerta. Antes de salir, se volvió hacia mí y me dijo en tono de broma:

—Recuerda esto, Javier: cuando estés en casa de tus tíos, no hagas nada que pueda avergonzarnos o que requiera la intervención de la policía. Ah, y si vuelves a encontrar un collar valiosísimo, esta vez te lo quedas, ¿eh?

Me eché a reír.

—Vale, papá —dije—. Iremos a medias.

Me guiñó un ojo y salió de la habitación. Permanecí unos segundos contemplando el lugar por donde había desaparecido. Qué personaje mi padre, pensé; no solo le quería, sino que además me caía bien.

* * *

A la mañana siguiente, muy temprano, mis padres me llevaron a la Estación del Norte y me acompañaron hasta el andén. Tras subir la maleta al vagón, me reuní de nuevo con ellos, y mamá comenzó a impartirme una ristra de instrucciones, como cuando era pequeño: que me comportara en la mesa, que hiciera la cama, que no hablara con la boca llena, que no me bañara en el mar justo después de comer, que no dijera palabrotas... Llegados a ese punto, papá le tapó la boca en plan de broma y dijo:

—Estoy seguro, querida, de que nuestro hijo hará lo humanamente posible por no comportarse como un mandril. Démosle un voto de confianza.

Unos minutos más tarde, sonó el silbato del tren anunciando su próxima salida. Besé a mis padres, subí al vagón y me asomé por la ventanilla. El tren se puso en marcha y me despedí de ellos agitando la mano. Luego, fui a mi asiento, coloqué en el portabultos de la parte superior la bolsa con los bocadillos que me había preparado mi madre y me senté.

Durante unos minutos me quedé pensando en Violeta y en lo poco que me había contado por teléfono. Mencionó a un millonario que no me sonaba de nada y una casa llamada Mansión Kraken. Qué nombre tan raro, pensé. El «Kraken» es un monstruo marino, algo así como un calamar gigante. ¿A quién se le ocurre llamar a una casa con el nombre de un monstruo?

Finalmente, cogí *Más que humano* y comencé a leer.

Después de cuatro años, volvía al Norte.

2. Regreso a Villa Candelaria

Cuando, a media tarde, el tren llegó a Santander llovía a cántaros; no me extrañó, así es el clima del Norte. Bajé del vagón con la maleta y cargué con ella hacia la salida. Al final del andén me esperaban tío Luis y una chica que al principio no pude reconocer. Al verme, la chica echó a correr hacia mí, me abrazó, me plantó dos besos en las mejillas y dijo:

—¡Hola, Javier! ¡Caray, estás estupendo!

Me la quedé mirando con cara de tonto. Era Violeta, pero había cambiado muchísimo, lo cual no resultaba extraño, porque la conocí cuando era una adolescente y ahora se había convertido en una joven de diecinueve años; es decir, una mujer hecha y derecha. Tenía el pelo entre rubio y castaño —corto, casi a lo *garçon*—, los ojos azules y una espléndida figura que ni siquiera su empeño en vestir como un chico —camisa amplia, vaqueros y deportivas— lograba ocultar. Estaba guapísima.

—No te había reconocido —dije—. Tú sí que estás estupenda.

Tío Luis se acercó y me dio un gran abrazo. Apenas había cambiado, salvo por las canas que empezaban a blanquearle los aladares.

—¡Cuánto me alegro de verte, Javier! —dijo, mirándome de arriba abajo—. ¡Pero si estás más alto que yo! Tranquilo, no voy a empezar con el rollo de cuánto has crecido y todo eso. ¿Qué tal el viaje?

—Bien. Lo he pasado leyendo.

—Genial. Venga, vamos al coche. Trae, te ayudo con la maleta.

Tío Luis cargó con mi equipaje y echamos a andar hacia la salida de la estación. El coche, aquel viejo y maravilloso Jaguar E, estaba aparcado enfrente, pero llovía tanto que nos empapamos durante el escaso tiempo que tardamos en meter la maleta en el maletero y entrar en el vehículo. Violeta se sentó al lado de su padre y yo me acomodé en el asiento trasero.

—Qué mala suerte —dijo tío Luis, introduciendo la llave en el contacto—; hasta ayer hacía un tiempo buenísimo.

La vieja mentira santanderina: siempre hacía buen tiempo, menos cuando llegabas allí. Tío Luis giró la llave y el motor bramó con impaciencia.

—Oye, papá —dijo Violeta—: a ver si conseguimos llegar a casa sin estrellarnos, ¿vale?

—Tranquila, hija; confía en tu anciano padre.

Arrancó con un acelerón y partimos a toda pastilla. Recorrimos como una centella la calle Antonio López, desembocamos haciendo chirriar las ruedas en el Paseo de Pereda y casi derrapamos al tomar la curva que conducía a la Avenida de Pérez Galdós. Tío Luis seguía conduciendo como un loco. Afortunadamente, a mitad de camino dejó de llover, así que al menos la visibilidad era buena.

Poco antes de llegar a la altura del Gran Casino, tío Luis redujo la velocidad, giró a la izquierda y se dirigió al interior del Sardinero. Apenas un minuto más tarde, el Jaguar aparcó frente a Villa Candelaria. Bajé del coche y me quedé mirando la vieja casa.

No había cambiado nada. La valla de piedra rodeando el jardín, los macizos de hortensias, los tamarindos, la fachada blanca y verde, los miradores de la planta superior, la torre de la azotea donde Violeta escribía sus historias... Todo igual. De repente, sentí como si retrocediera en el tiempo cuatro años y regresara al momento en que llegué a Villa Candelaria. Aquella tarde también había llovido. Tío Luis sacó del coche la maleta y se dirigió a la entrada.

—Vamos, sobrino —dijo—. Adela está deseando verte.

Violeta me agarró del brazo, me dedicó una sonrisa y echamos a andar hacia Villa Candelaria.

* * *

El interior de la casa tampoco había cambiado; los mismos muebles, las mismas antigüedades, las mismas pinturas en las paredes. Tía Adela también estaba igual, tan guapa como siempre. Puso cara de asombro al verme, comentó que estaba hecho todo un hombre al mismo tiempo que me plantaba dos besos, se interesó por mis padres y por Alberto e hizo, en fin, todo lo que se espera de un pariente al que hace mucho que no ves.

Estábamos en la sala. Al poco, una chica muy joven entró en la habitación; era Azucena. Me quedé con la boca abierta. En aquella familia, todas las mujeres eran guapísimas, pero sin duda la menor de las Obregón se había convertido en la más bella. Tenía dieciséis años, los ojos intensamente azules y el cabello dorado; parecía hecha de luz, parecía un ángel.

—Vaya —murmuré, mirándola asombrado—. Estás... fantástica.

Azucena sonrió. Entonces recordé lo tímida que era y pregunté:

—¿Puedo darte un beso?

—No —respondió ella, muy seria.

Me quedé cortado. Azucena se echó a reír.

—Es broma, tonto —dijo. Y me dio dos besos.

—¿Dónde están Rosa y Marga? —pregunté.

—Rosa, en Estados Unidos —respondió tía Adela—, con Gabriel, su novio. Están estudiando arquitectura allí. Volverán a final de mes.

Al año siguiente del asunto de las Lágrimas de Shiva, Rosa se trasladó a Madrid para estudiar arquitectura en la Politécnica junto con Gabriel; pero dos años después ambos prosiguieron sus estudios en Estados Unidos.

—Y Marga ha ido a dar una vuelta con sus amigos —apuntó Violeta—. Para planear la revolución, ya sabes.

—Bueno, chicas, no tengamos a Javier de pie como un pasmarote —intervino tío Luis—. Dejémosle que se instale tranquilamente.

—Ya le acompaño yo a su habitación —dijo Violeta.

Cogí mi maleta y remontamos la escalera. Me habían asignado el mismo dormitorio que la otra vez, en el ala sur, entre las habitaciones de Margarita y Violeta. Al entrar, sentí de nuevo que retrocedía en el tiempo. Violeta se sentó en el borde de la cama; dejé la maleta en el suelo y me acomodé a su lado.

—Bueno —dije, mirándola sonriente—, cuánto tiempo ha pasado...

—Sí, mucho. Estás muy cambiado.

—Y tú.

Hubo un silencio un poco incómodo, como si de repente no supiéramos qué decirnos.

—¿Por qué perdimos el contacto? —preguntó ella.

Solté una risita.

—Pues porque te enfadaste conmigo.

Bajó la mirada.

—Ya —dijo—. Y por la distancia y la separación.

—Supongo. —Hice una pausa y añadí—: ¿Sabes?, recuerdo con mucho cariño aquel verano. Pasaron tantas cosas... Mi llegada aquí, el alunizaje, el asunto de las Lágrimas de Shiva, la relación entre Rosa y Gabriel a lo Romeo y Julieta, lo que hubo entre tú y yo...

—Ah, eso... —Violeta sonrió con ironía—. Qué chiquillada, ¿verdad? Tú y yo juntos, y encima siendo primos... ¡Puaj! Éramos unos críos.

¿«Puaj»? ¿Lo que para mí era el bonito recuerdo del primer amor, para ella era «puaj»? Después de tanto tiempo, había olvidado lo fácil que le resultaba a Violeta cabrearme. Procuré despejar de mi rostro toda huella de enfado y me puse en pie.

—Bueno —dije, quizá en tono más seco de lo que pretendía—, ¿cuándo vas a decirme a qué quieres que te ayude?

—Ahora, pero no seas tan impaciente —respondió ella, incorporándose—. Antes tendrás que deshacer el equipaje, y cambiarte de ropa, porque estás muy mojado. Cuando acabes, ven a verme a mi cuarto.

Tras decir esto, salió del dormitorio.

* * *

Vacié la maleta y distribuí mis cosas en el armario. Luego fui al baño, me sequé la cabeza con una toalla y me cambié de camisa. Cuando acabé, recogí el paquete que había traído desde Madrid y me dirigí a la habitación de Violeta; tenía la puerta abierta y estaba sentada frente a un viejo escritorio que me resultaba muy familiar.

—Eso es el escritorio de Beatriz Obregón —dije desde el umbral.

Violeta se volvió hacia mí.

—Sí. Lo bajé del desván y me lo he quedado. Anda, pasa.

Cogí una silla y me senté junto a mi prima. Acaricié con la yema de los dedos la madera del escritorio; cuántos recuerdos me traía aquel mueble.

—¿Ha vuelto a oler a nardos? —bromeé.

Negó con la cabeza.

—Desde que encontraste las Lágrimas de Shiva, nunca más —dijo.

Le ofrecí el paquete.

—Toma, es para ti.

Violeta lo cogió y lo desenvolvió. Era un libro, un ejemplar de *Estación de Tránsito*, de Clifford D. Simak.

—Vaya, gracias —dijo—. ¿Es ciencia ficción?

—Sí, creo que te gustará

—Lo leeré. —Puso cara de culpabilidad—. Pero yo no te he comprado nada.

—No importa. Venga, cuéntame de una vez eso que ibas a decirme.

Dejó el libro sobre el escritorio y cogió una carpeta, pero en vez de abrirla se la quedó mirando pensativa.

—Tiene que ver con una amiga mía —dijo—: Elena Mistral, una antigua compañera de colegio. Hace un par de años, su familia recibió la herencia de un pariente lejano, un viejo ricachón llamado Melquiades Salazar. El tataratío abuelo de mi amiga. ¿Me sigues?

—Por ahora sí.

—La herencia consiste en depósitos bancarios, acciones, varias fincas y la casa donde Melquiades vivía, el hogar de los Salazar desde hace generaciones: la Mansión Kraken. Mira, esta es.

Sacó de la carpeta varias fotografías en blanco y negro y las extendió sobre el escritorio. Eran vistas desde diversos ángulos del mismo edificio, un palacete de dos plantas, de estilo gótico, construido con piedra oscura.

—¿Dónde está? —pregunté.

—A las afueras de Santander; cerca del faro de Cabo Mayor.

—Parece muy antiguo —comenté.

—No tanto; es neogótico. Lo hizo construir Zacarías Salazar, el iniciador de la fortuna familiar, a principios del siglo pasado. Hacia 1818 o así.

Contemplé las fotos. La verdad es que el edificio parecía más una fortaleza que una casa.

—Un poco siniestro, ¿no? —comenté—. ¿Sabes que el Kraken es un monstruo marino?

Violeta asintió con la cabeza. Yo lo sabía por una novela de ciencia ficción, *Kraken acecha*, de John Wyndham.

—Vale —dije—. ¿Qué pasa con ese edificio?

Violeta recogió las fotos y las guardó de nuevo en la carpeta.

—El último miembro de la familia Salazar, Melquiades —prosiguió—, murió hace dos años. No tenía hijos ni parientes cercanos y tampoco hizo testamento, así que su fortuna y sus bienes han pasado a una rama lateral de la familia. Es decir, al padre de mi amiga. En fin, todavía no del todo, porque aún siguen los trámites judiciales. Y ahí está el problema.

—¿Qué problema?

—Cuando Melquiades Salazar murió, los padres de mi amiga buscaron en la casa los documentos del anciano. Papeles del banco, certificados de las acciones, títulos de propiedad, esa clase de cosas. Pero no encontraron nada. No había ninguna documentación de ningún tipo. Entonces, hará cosa de un año, un bufete de abogados interpuso una demanda, alegando que un cliente suyo es el legítimo propietario del terreno donde se asienta la Mansión Kraken. Aportan un documento de principios del XIX que demuestra el derecho de su cliente sobre esa propiedad y exigen que le sea devuelta. ¿Entiendes?

—No. ¿Cuál es el problema?

—Pues lo que te he dicho: Melquiades no dejó ninguna documentación. Ni siquiera el título de propiedad de la casa.

—Pero eso es un documento público, ¿no? Habrá una copia en el Registro de la Propiedad Inmobiliaria.

Violeta dejó escapar un suspiro.

—En 1941 hubo un gran incendio en Santander —dijo—. Se quemaron muchos archivos; entre ellos, el que guardaba los datos de la Mansión Kraken. Así que o aparece el título de propiedad...

—O tu amiga perderá la casa —dije, completando la frase.

—Lo más probable —asintió Violeta.

Nos quedamos callados durante unos segundos.

—¿Y qué pinto yo en eso? —pregunté.

Violeta me dedicó una radiante sonrisa.

—Pues... sería estupendo que nos ayudaras a encontrar esos documentos —respondió.

Me la quedé mirando, desconcertado.

—¿Me has hecho venir para que busque el título de propiedad de esa casa? —pregunté.

—Sí.

—Es decir —insistí—, me has hecho venir para que busque un documento que no conozco, en una casa que no conozco, para una gente que no conozco. ¿Es eso?

—Eh..., sí.

—Pero ¿por qué yo? Para eso te puede ayudar cualquiera.

—No, Javier; tú eres especial. Encuentras cosas.

—¿Cómo que encuentro cosas?

—Encontraste las Lágrimas de Shiva.

Cerré los ojos y respiré profundamente.

—No seas absurda, Violeta —repliqué—. Que una vez haya encontrado algo no significa que lo encuentre todo. ¡No soy un sabueso! Por favor, pero si mi madre dice que un día voy a perder la cabeza.

Violeta me dedicó la clase de mirada que un cachorro emplea para conseguir que le den una galletita.

—Ya que estás aquí —dijo—, no te cuesta nada intentarlo.

—¿Y cómo quieres que lo intente? ¿Me pongo a cuatro patas y empiezo a husmear en busca de rastros?

Sonrió.

—Bueno, no estaría mal —dijo—. Pero bastaría con que le echaras un vistazo a la casa. Escucha, Javier: he quedado mañana temprano con mi amiga Elena para ir a la Mansión Kraken. Tú nos acompañas, te das un paseo por la casa y ya está. ¿Vale?

—¿Y crees que así voy a encontrar esos documentos? —repuse con escepticismo.

Se encogió de hombros.

—A lo mejor se te ocurre algo en lo que no hayamos pensado —dijo—. A ti se te ocurrió que los muebles de Beatriz Obregón podían estar en el desván, y que en su escritorio había un cajón secreto.

Dejé caer la cabeza con desánimo. Aquello era absurdo, pero ya puestos, ¿qué más daba?

—Como quieras —dije—. Aunque no va a valer de nada.

Violeta se incorporó y me dio un beso en la frente (¡en la frente!).

—Eres un encanto, primito —dijo—. Anda, vamos abajo, que falta poco para la cena.

* * *

Aquella noche cenamos mis tíos, Violeta, Azucena y yo. Por lo visto, Marga seguía ocupada con sus amigos, preparando el alzamiento del proletariado. En Villa Candelaria seguía sin haber televisión y, además, yo estaba cansado, así que me retiré pronto a mi dormitorio.

Antes de dormirme, pensé en Violeta y en la ayuda que me pedía. Era una tontería. ¿Cómo iba a encontrar yo lo que otros llevaban dos años buscando? Me parecía absurdo que Violeta hubiese recurrido a mí para algo tan ilógico.

No obstante, empezaba a sentir curiosidad por la Mansión Kraken, aunque solo fuera por lo siniestro que era su nombre.

3. *La Mansión Kraken*

Al día siguiente nos levantamos temprano. Violeta había quedado a las nueve para desayunar con su amiga en el Rhin, una cafetería con terraza situada frente a la Primera Playa. Había amanecido nublado, pero no llovía, así que mi prima y yo fuimos caminando hacia allí y nos sentamos a una mesa en el interior del establecimiento; al ser domingo, y tan temprano, apenas había clientes. Elena Mistral se retrasó veinte minutos, pero cuando llegó fue como si el cielo se abriera y un rayo de luz incidiera sobre nosotros, como si un grupo de bailarines extendiera una alfombra roja, como si un coro de ángeles anunciara la llegada de una aparición celestial.

Elena era... ¿Cómo expresarlo? Mis cuatro primas eran muy guapas; pero discretamente guapas. ¿Qué es lo contrario de «discreto»? ¿Indiscreto? Pues Elena Mistral era indiscretamente guapa. Despampanantemente guapa. Arrolladoramente guapa. Diecinueve años, alta, con una larga melena rubia, los ojos verdes, un cuerpo tan lleno de curvas que mareaba mirarlo y unas piernas largas y perfectas, todo ello enfundado en un ceñido vestido blanco y negro con la falda tan corta que robaba el aliento, y unos zapatos con tacones de diez centímetros. Elena era una bomba. Era...

sexi, esa es la palabra. Una bomba sexi. Cruzó la puerta atrapando al instante las miradas de todos los presentes y se dirigió hacia nosotros con un sinuoso bamboleo de caderas.

—Lo siento, lo siento, lo siento —dijo—. Llego tarde, perdonad. —Le dio dos besos a Violeta—. Es que me ha telefoneado Tere justo cuando salía, y yo diciéndole: chica, que tengo que irme; y ella, dale que te dale. Un horror, te lo juro. —Se volvió hacia mí con una deslumbrante sonrisa—. Tú debes de ser Javier, ¿verdad? ¡Qué ganas tenía de conocerte!

Me plantó un par de besos con olor a Chanel y se sentó a nuestro lado. Yo me la quedé mirando embobado, hasta que de reojo advertí que Violeta me observaba con aire divertido, como si estuviese acostumbrada al efecto que su amiga provocaba en los hombres. Entonces carraspeé, aparté la mirada y disimulé alzando una mano para llamar al camarero. Violeta y yo pedimos café con leche; ella con una tostada y yo con un cruasán. Elena, por su parte, se conformó con un té con limón.

—Es que no puedo desayunar fuerte —dijo—. Estoy tan gorda...

¿Gorda? Por amor de Dios, pero si no le sobraba ni le faltaba un gramo. Mientras aguardábamos el pedido, Elena comentó:

—Esta semana es que voy de los nervios. Estoy fatal, de verdad.

—¿Qué te ha pasado? —preguntó Violeta.

—Pues que he roto con Mariano.

Violeta puso cara de sorpresa.

—Pero si hacíais una pareja estupenda —dijo.

—No te creas, chica. Mariano es tan posesivo, tan celoso, que me asfixiaba. Mejor cortar por lo sano. Pero, ay, ha sido tan desagradable... Ha suplicado, ha llorado, ha amenazado con suicidarse... Qué horror; no soporto que la gente pierda la dignidad.

El camarero trajo la comanda y la distribuyó sobre la mesa. Mientras añadía un sobrecito de edulcorante a su infusión, Elena me contempló sonriente y dijo:

—Te agradezco mucho que me ayudes, Javier; eres muy amable. Este asunto de la casa es tan molesto...

—Lo intentaré —respondí—. Pero no creo que pueda hacer mucho.

—Bueno, si logras contactar con él, será fantástico.

Arqueé las cejas, desconcertado.

—Contactar, ¿con quién? —pregunté.

—Con el espíritu.

—¿Qué espíritu?

—El fantasma de la Mansión Kraken —respondió Elena—. ¿No te lo ha contado Violeta? Ella dice que eres un... ¿Cómo es la palabra?... Sensitivo, eso es. Dice que eres un sensitivo y puedes entrar en contacto con los espíritus.

De repente, sentí que la sangre me enrojecía las mejillas. Así que por eso me había llamado Violeta, para utilizarme como si yo fuera una especie de espiritista. La miré de reojo; tenía una expresión de absoluta inocencia, como si jamás hubiera roto un plato. Me incorporé.

—Perdona, Elena —dije—. Tengo que hablar un momento con mi prima.

Agarré a Violeta por un brazo y tiré de ella hacia la salida. Nos detuvimos a un lado de la cafetería, frente a la playa. El cielo cuajado de nubes compartía con el mar un aspecto plomizo. Igual que mi estado de ánimo.

—¿Se puede saber qué le has contado a tu amiga? —dije, muy enfadado—. ¿Que soy un bicho raro, que veo muertos?

—Yo solo...

—No, no, espera —la interrumpí—. Así que se supone que hay un fantasma en esa casa, ¿no? Y también se supone que yo debo «entrar en contacto» con ese fantasma, ¿verdad? Pues aclárame una cosa: ¿por qué no me lo dijiste ayer? O, aún mejor, ¿por qué no me lo dijiste cuando hablamos por teléfono?

Violeta bajó la mirada.

—Porque si te lo hubiese dicho —murmuró—, no habrías venido.

Abrí la boca, pero estaba tan irritado que temí decir cosas demasiado desagradables, así que me limité a asentir con la cabeza y mascullar:

—Estupendo... Estupendo...

Mi prima me miró con ojos suplicantes.

—Tienes un don, Javier —dijo—. Aunque quieras negarlo, lo tienes. Hace cuatro años, yo era la única que percibía la presencia del fantasma de Beatriz Obregón. Y solo era eso: olía su perfume y notaba su presencia, nada más. Pero llegaste tú ¡y la viste! ¡Te comunicaste con ella! Eres especial, Javier.

Respiré hondo, contuve el aliento y lo exhalé de golpe.

—No sé lo que vi, Violeta —dije—. Ni siquiera sé si vi algo o lo soñé. Pero da igual; supongamos que realmente vi a Beatriz Obregón. Pues bien, nunca antes había visto un fantasma, y tampoco he vuelto a ver fantasmas después. No soy especial. No tengo ningún don.

—Inténtalo, por favor —insistió Violeta—. Ve a la mansión, solo eso.

Desvié la mirada. Había soltado vapor y la parte intensa del enfado se me estaba pasando.

—De acuerdo —dije a regañadientes—. No quiero ser borde. Le echaré un vistazo a esa maldita casa. Y se acabó; no voy a meterme en ese asunto. ¿Vale?

—Vale.

Regresamos al interior de la cafetería y nos sentamos a la mesa.

—¿Pasa algo? —preguntó Elena.

—Nada —respondí—. Escucha, Elena: mi prima cree que soy algo así como un médium, pero no es cierto.

—Violeta dice que hace unos años viste un fantasma en su casa —replicó ella.

—Quizá lo vi, no estoy seguro. Pero no es algo que me pase habitualmente. No tengo ningún don.

Elena parpadeó; parecía un poco decepcionada.

—De todas formas —dijo—, ¿lo vas a intentar?

—Sí, claro; pero será una pérdida de tiempo.

Recuperó la sonrisa.

—Genial. Cuando acabéis de desayunar, vamos para allá.

Cogí mi taza y le di un sorbo. El café con leche se había quedado frío, así que me lo tomé de un trago. El cruasán ni lo probé; se me había quitado el hambre.

***

Elena tenía un Mini Cooper rojo con el techo blanco. Ella se sentó al volante, yo me acomodé como pude en el reducido espacio trasero y Violeta ocupó el asiento del copiloto. Al poco de arrancar, pregunté:

—¿Por qué creéis que hay un fantasma en esa mansión? ¿Lo habéis visto o algo así?

—No, qué va —respondió Elena—; por favor, me moriría del susto. Lo que pasa es que, después de fallecer Melquiades Salazar, mi padre contrató a un hombre para que viviera en la casa y la vigilara. Al cabo de un mes, el hombre renunció, porque decía que ocurrían cosas raras. Entonces mi padre contrató a un matrimonio. Y, bueno, duraron algo más: tres meses, y luego también renunciaron.

—¿Por qué? ¿Qué dijeron?

—Que la casa estaba encantada y había un fantasma.

—Vaya... —murmuré.

—Puede que sea el espíritu de Melquiades Salazar —dijo Violeta—. Recuerda que Beatriz Obregón se aparecía para ayudarnos a encontrar las Lágrimas de Shiva. Pues ahora quizá el espíritu de Melquiades quiere decirnos dónde están los documentos perdidos.

Sí, pensé; o a lo mejor quiere invitarnos a bailar la conga. Por aquel entonces yo padecía algo llamado «disonancia cognitiva», que consiste en creer dos cosas opuestas a la vez. Una parte de mi cerebro creía en los fantasmas (qué demonios, ¡había visto uno!), pero otra parte de mi cerebro sostenía que los fantasmas no existen. Y quizá por mi vocación de físico, de persona racional, me inclinaba a aceptar solo lo que decía la parte incrédula de mi mente.

La Mansión Kraken se encontraba a unos dos kilómetros y medio del Sardinero, hacia el norte, en dirección al faro de Cabo Mayor. Dejamos atrás la Segunda Playa, el Hotel Chiqui y las últimas casas de la ciudad, y nos adentramos en una zona despoblada. Al llegar a la altura de un *camping*, Elena giró a la derecha por una estrecha carretera mal asfaltada. Al poco, a lo lejos, apareció ante nuestros ojos el viejo hogar de los Salazar recortándose contra el océano.

Al ver la casa, me vino a la cabeza *Psicosis*, una vieja película de terror de Alfred Hitchcock. Quienes la hayan visto entenderán lo que quiero decir. Tenía un aspecto siniestro, una solitaria construcción oscura rodeada por un muro en medio de ninguna parte. El cielo nublado también contribuía a hacerlo todo más inquietante.

La carretera conducía a la entrada del recinto, una verja de hierro sellada con una cadena y un candado. En una de las jambas del portalón unas letras de bronce rezaban: *Kraken*. Elena bajó del coche, desbloqueó el candado y abrió la doble verja. Luego, regresó al volante, arrancó y recorrimos el sendero que cruzaba el jardín en dirección a la casa.

Era un parque enorme, pero estaba muy abandonado. Los setos crecían salvajes, igual que el césped y las malas hierbas. Las únicas notas de color provenían de los macizos de hortensias que florecían a ambos lados de la entrada.

Elena aparcó frente a la puerta principal y nos bajamos del coche. Mientras las chicas se dirigían a la entrada, yo me quedé mirando el edificio. Al natural era aún más siniestro que en fotografía. Una escalinata de mármol conducía a una puerta de roble situada entre dos columnas; a ambos lados, sendas ventanas ojivales. En la planta superior había otras dos ventanas idénticas y, en medio, un balcón. Gran parte de la fachada estaba cubierta de hiedra. En la cornisa, una serie de gárgolas mostraban al exterior sus horribles rostros de arpías, demonios y monstruos. Definitivamente, aquella casa parecía el decorado de una película de miedo.

—Vamos, Javier —me llamó Violeta desde la entrada.

Elena había abierto la puerta y encendido la luz. Remonté los escalones y me adentré en el vestíbulo, una habitación cuadrada, sin ventanas, con viejos tapices a un lado y a otro. Había dos puertas.

—La de la derecha da a la sala de música —dijo Elena—, pero está cegada.

Abrió la puerta del fondo y cruzamos el umbral, adentrándonos en el gran salón. Lo de «gran» no iba en broma: debía de medir unos cien metros cuadrados con el techo situado a unos tres metros y medio de altura. La habitación estaba llena de muebles y cuadros viejos. A la derecha, detrás de dos columnas, había un ventanal ahora cubierto por cortinajes verdes. Al fondo estaba la escalera que conducía a la planta superior.

—A la derecha de la escalera está la cocina —dijo Elena—. Y al otro lado, un baño y el comedor. —Caminó hasta una puerta situada a la izquierda del salón y la abrió—. Esto es el despacho de Melquiades —nos informó, invitándonos a entrar con un gesto.

El despacho tenía al fondo un ventanal; Elena apartó las cortinas, permitiendo que la nubosa claridad del día se colase en el interior. La habitación, con el suelo ajedrezado a cuadros blancos y negros, estaba amueblada con sobriedad: un escritorio de estilo inglés, un sillón de cuero, dos sillas, una mesita sobre la que descansaba un tablero de ajedrez y una estantería con los veintinueve volúmenes de la Enciclopedia Británica, eso era todo. No había tapices ni cuadros, pero sí algo muy curioso: en lo alto de cada una de las paredes aparecían unos medallones de pinturas al fresco con cuatro retratos, tres de mujeres y otro de un hombre. Parecían figuras mitológicas, aunque no supe identificarlas. Debajo de cada medallón había diez letras inscritas en diez casillas, en total cuarenta letras sin ningún sentido.

—¿Qué es eso? —pregunté, señalando las pinturas.

—A mí también me llamaron la atención —dijo Violeta—. Las fotografié y le pregunté a un amigo de mis padres, que es profesor de historia del arte. Son alegorías de las cuatro estaciones. La diosa Flora, que representa a la primavera; la diosa Ceres, al verano; Pomona, al otoño; y Bóreas o Aquilón, al invierno.

—¿Y las letras?

Mi prima se encogió de hombros.

Me aproximé al último elemento que destacaba en el despacho: una gran chimenea en una esquina. Debía de medir más de metro y medio de altura; la parte exterior era de mármol y la cornisa estaba decorada con un sol a la derecha, una luna en cuarto creciente a la izquierda y, entre medias, un cielo estrellado tallado en la piedra. Me alejé unos pasos y volví a mirar en derredor.

—¿Notas algo? —me preguntó Violeta.
—¿Qué?
—El fantasma. ¿Lo sientes?
Dejé escapar un suspiro y respondí escuetamente:
—No.

En la pared situada enfrente del escritorio había una puerta.

—¿Adónde da eso? —pregunté.
—A la biblioteca.

Elena abrió la puerta. Al otro lado, la habitación tenía dos ventanas ojivales; la amiga de mi prima descorrió las cortinas y el resplandor mostró el paraíso de un bibliófilo. Las cuatro paredes estaban cubiertas de librerías hasta el techo, que, no lo olvidemos, era muy alto; de hecho, había una escalera que se desplazaba sobre un riel para poder alcanzar los estantes más elevados. Allí se acumulaban miles de libros.

—¿Y aquí? —preguntó Violeta—. ¿Notas algo?

Tardé en responder. De pronto, arqueé la espalda con el cuerpo rígido.

—Sí, lo noto... —dije en voz baja, cavernosa—. Es una presencia... Está aquí... —Las dos chicas me miraban fijamente. Puse los ojos en blanco—. Quiere hablar..., quiere decirnos algo... —Hice una pausa y, al cabo de unos segundos, grité—: ¡BUUU!

Violeta y Elena dieron un respingo y gritaron a la vez. Me eché a reír.

—¡Eres idiota! —me espetó Violeta, muy enfadada.

—Caray, qué susto me has dado —murmuró Elena, con una mano a la altura del corazón.

—Lo siento —dije entre risas—. No lo he podido evitar.

—Ha tenido gracia —reconoció Elena, sonriente—. Pero no lo vuelvas a hacer, por favor; no quiero que me dé un infarto. Venga, sigamos viendo la casa.

Echamos a andar de regreso al salón.

—Idiota —repitió Violeta, fulminándome con la mirada.

* * *

Le dimos un rápido vistazo a la cocina y el comedor, que no tenían nada de especial, y subimos a la segunda planta. La escalera desembocaba en un amplio distribuidor iluminado por una claraboya.

—Hay seis dormitorios —dijo Elena—, pero solo dos amueblados. El resto están vacíos.

—¿Cuántos años tenía Melquiades Salazar cuando murió? —pregunté.

—Ochenta y nueve —respondió Elena.

—¿Y siendo tan viejo vivía aquí solo?

—No, tenía una criada interna. —Señaló el cuarto situado a la derecha de la escalera—. Ahí dormía ella. Luego lo ocuparon los guardeses que contrató mi padre.

Entramos en el dormitorio de Melquiades. Era el más grande y con un baño adosado, pero no tenía nada de especial. Una vieja cama, una vieja mesilla, una vieja cómoda y un viejo armario, poco más. Salimos del cuarto y revisamos los restantes dormitorios; como había dicho Elena, todos estaban vacíos, salvo el de la criada. Pero faltaba uno...

—Solo he contado cinco dormitorios —dije—, pero había seis, ¿no?

—El otro está a la izquierda del baño —señaló Elena—. También está vacío.

Mientras las dos chicas se quedaban hablando en el distribuidor, me dirigí al sexto dormitorio. Se encontraba al final de un breve pasillo, después de una escalera que debía de conducir a la terraza y un baño. Era el más pequeño de todos y, en efecto, estaba completamente vacío. Pero algo me llamó la atención. En toda la casa las paredes estaban pintadas de blanco; sin embargo, en ese cuarto eran de color azul claro.

Me adentré unos pasos en la habitación. Al frente había una ventana que daba a la parte trasera del edificio, y al lado, en la pared de la derecha, un armario empotrado. A mi izquierda había otra ventana desde la que se divisaba el lado oeste del jardín. Miré a través de ella, pensativo.

Entonces, de repente, experimenté la sensación de que alguien o algo estaba detrás de mí, mirándome. Era tan intensa, que una sucesión de escalofríos me recorrió la espalda, como una corriente eléctrica. Me di la vuelta bruscamente; no había nadie, pero me pareció distinguir un movimiento a la altura del armario empotrado.

Me aproximé a él y sujeté las manijas, una en cada mano. El corazón me latía acelerado. Contuve el aliento y abrí las puertas de golpe. No había nada dentro; unas cajoneras, unos estantes, todo vacío.

—¿Qué haces? —dijo una voz.

Casi di un bote del susto. Giré la cabeza y vi que Violeta y Elena estaban en la entrada, mirándome.

—Nada —respondí al mismo tiempo que cerraba las puertas del armario—. ¿Vivía alguien en esta habitación?

—Que yo sepa, no —respondió Elena—. ¿Por qué?

—Por las paredes. Están pintadas de azul, pero en el resto de la casa son blancas.

Violeta se acercó a una de las paredes y la examinó con atención.

—Parece pintura vieja —dijo.

—Bueno, no importa. —Me aproximé a ellas—. ¿Queda algo más por visitar?

—El sótano y el trastero; pero allí no hay nada —respondió Elena—. Y en la planta baja, la sala de música. Ahora la vemos al salir.

Bajamos por la escalera y atravesamos el salón; Elena abrió una puerta situada a la izquierda de la que daba al vestíbulo, entró y apartó las cortinas de dos ventanas. En la sala había un piano, dos sillones, un equipo de música, unos estantes llenos de discos y otro tablero de ajedrez sobre un velador. De las paredes colgaban un montón de cuadros, casi todos retratos al óleo.

—Ahí está la familia Salazar al completo —dijo Elena. Señaló el retrato de una señora decimonónica y agregó—: Esta es Antonia Salazar, mi tatarabuela.

—¿Hay alguno de Melquiades? —pregunté.

Elena asintió y apuntó hacia un cuadro situado a la izquierda, el retrato de un hombre de mediana edad, con barba y lentes de concha. Abajo, en una esquina, al lado de la firma del pintor (un tal Ricardo Bernardo), aparecía una fecha: 1932. Hice un rápido cálculo mental; Melquiades Salazar tenía cincuenta años cuando le pintaron aquel retrato.

—¿No hay ninguna foto suya reciente? —pregunté.

Elena negó con la cabeza.

—Ya te he dicho que no encontramos ninguna documentación, ni siquiera fotos.

Me quedé pensativo.

—¿Conocías a Melquiades? —pregunté.

—No —respondió Elena—. Mi padre se encontró con él un par de veces, pero no teníamos ninguna relación. Además, no salía casi nunca de casa; era una especie de ermitaño.

—Vale —dije—. Pues si no hay nada más que ver...

Abandonamos la sala de música y salimos al exterior.

* * *

Nos detuvimos en el porche mientras Elena le echaba la llave a la puerta. Aún estaba nublado, pero seguía sin llover.

—¿Has sentido algo? —me preguntó Violeta—. Y no te hagas el gracioso.

Suspiré.

—No, no he «sentido» nada —respondí.

Pero ¿era cierto? En realidad, había notado algo extraño en la habitación azul; aunque probablemente había sido cosa de mi imaginación. Al menos, eso fue lo que pensé entonces.

—¿Y qué te parece todo esto? —preguntó Elena—. ¿Qué opinas?

—No sé —dije—. Es muy raro que no haya ningún documento.

—No solo eso. Por lo visto, Melquiades coleccionaba sellos; pero tampoco hay ni rastro de su colección.

—¿No tendría otra casa? —sugerí.

Elena negó con la cabeza.

—Mi padre ya pensó en eso, pero no.

Reflexioné durante unos segundos.

—¿De qué murió Melquiades? —pregunté.

—De viejo —respondió Elena—; por lo visto estaba sano, pero tenía casi noventa años. Una tarde se fue a echar la siesta y ya no despertó. Un derrame cerebral, creo.

—¿Y estaba bien del coco?

—Perfectamente. Al menos, eso dice su criada.

Así que no destruyó todos sus documentos durante un ataque de locura. Me encogí de hombros.

—Pues no sé qué decir...

—¿Tú qué harías, Javier? —preguntó Elena.

Volví a reflexionar.

—¿Conoces la historia de la familia Salazar? —tanteé.

—No.

—¿Y tu padre?

—Tampoco.

—Pues yo procuraría enterarme de esa historia. También intentaría saber cómo era la vida de Melquiades. Hablaría con sus amigos y con la criada.

—Mi padre ya habló con ella para preguntarle por los documentos, pero no sabía nada.

—Ya, pero lo que habría que hacer es preguntarle por su jefe. Cómo era, qué hacía y todo eso.

Hubo un silencio. Elena se acercó a mí con cara de niña buena.

—¿Nos vas a ayudar, Javier? —preguntó.

—Pero es que no voy a poder hacer nada.

Se acercó aún más; tanto que podía sentir el calor de su cuerpo junto al mío.

—Sí que puedes —susurró—. Anda, *porfi*, *porfi*, *porfi*...

Y me dedicó una sonrisa capaz de derretir un iceberg. Una sonrisa ante la que solo cabía abrir la boca, babear un poco y asentir como un bobo. Yo no abrí la boca ni babeé (aunque me costó no hacerlo), pero sí que asentí en plan tonto.

—Vale —dije—; como quieras.

Elena dio un gritito de alegría, me abrazó y me plantó un beso en la mejilla.

—¡Gracias! —exclamó. Luego, se apartó de mí y preguntó—: ¿Qué vamos a hacer primero?

Advertí de reojo que Violeta volvía a mirarme con aire divertido, como si de repente yo me hubiera convertido en algo así como una foca amaestrada. Carraspeé y dije:

—Creo que lo primero sería hablar con la criada. ¿Sabes dónde vive?

—No; ni cómo se llama. Se lo preguntaré a mi padre.

—En cuanto a la familia Salazar...

—De eso me ocupo yo —me interrumpió Violeta—. ¿Te acuerdas de Abraham Bárcena?

—Ese marino que tiene una tienda en Puerto Chico, ¿no?

—El Cormorán —asintió ella—. Es una de las personas que mejor conoce la historia de Santander. Le he preguntado por los Salazar. Cuando averigüe algo, me llamará.

—Genial —dijo Elena—. ¿Algo más?

—De momento, no —dije.

—Sí, una cosa —terció Violeta—: Consigue también los nombres y las direcciones de los guardeses que contrató tu padre.

—¿Para qué? —pregunté—. Ellos no conocieron a Melquiades.

—Pero vieron un fantasma —concluyó mi prima.

Y dale, pensé; doña erre que erre. Cuando a Violeta se le metía algo en la cabeza, no había forma de hacerle cambiar de idea. Nos dirigimos al coche; antes de entrar, volví la mirada hacia la mansión. La verdad es que era el edificio más siniestro que...

De repente, el corazón me dio un vuelco. Había visto un rostro mirándome detrás de una de las ventanas de la planta baja. O me pareció verlo, porque cuando me fijé bien no había nada. Probablemente lo había imaginado, me dije.

Pero mientras me acomodaba en el asiento trasero tenía la piel de gallina.

* * *

Elena nos dejó en Villa Candelaria. Antes de que se fuera, quedamos con ella en vernos al día siguiente para que nos contara lo que había averiguado. Aún faltaba media hora para la comida, así que Violeta y yo nos sentamos en un banco del jardín. Se habían abierto algunos claros en el cielo y parecía que iba a despejar.

—¿Qué te ha parecido Elena? —preguntó mi prima.

—Bien. Es simpática.

—Y guapa.

—No está mal —repuse con fingida indiferencia.

—Claro —dijo ella con una sonrisa burlona—. Por eso has aceptado tan rápidamente ayudarla, porque no está mal.

Respiré hondo.

—¿Y qué querías que hiciese? —dije, irritado—. Tú me has metido en esto, tú le dijiste a tu amiga que soy un médium, y también fuiste tú la que no me contó nada de fantasmas. Si digo que no voy a ayudar, soy malo; y si digo que sí, me vacilas. ¿En qué quedamos?

—Vale, tienes razón, no te enfades. —Hizo una pausa—. ¿Qué te parece?

—¿El qué?

—Lo de Salazar, la Mansión Kraken, los documentos desaparecidos...

Me encogí de hombros.

—Yo qué sé, Violeta. Solo he visto una casa abandonada, nada más. ¿Por qué tienes tanto interés en ayudar a Elena? ¿Tan amiga tuya es?

Violeta hizo un gesto vago.

—Bueno, fuimos compañeras de colegio, aunque hacía casi tres años que no la veía, porque su familia se trasladó a Madrid.

—Ah, así que vive en Madrid...

—Su padre es socio de una firma de inversiones; está forrado.

—Pero entonces, si habíais perdido el contacto, ¿por qué la ayudas?

Violeta demoró unos segundos la respuesta.

—Quiero ser periodista, Javier —dijo—. Lo que me interesa es la historia que hay detrás.

—¿Qué historia? ¿La de un viejo que extravió unos documentos?

—No; la historia de los Salazar. Lo que sé de esa familia es terrible.

—¿Terrible? ¿Por qué?

—Todavía sé muy poco; solo rumores. Ya nos lo contará con detalle Abraham Bárcena.

Me quedé pensativo.

—Pero para conocer esa historia no necesitabas ayudar a Elena —objeté—. Hay algo más, ¿verdad? El supuesto fantasma.

Violeta desvió la mirada y se quedó callada unos segundos.

—Desde la primera vez que entré en la Mansión Kraken noté algo extraño —dijo—. Cada vez que estoy allí tengo la sensación de que... me observan.

—Es una casa muy tétrica. Cualquiera puede sugestionarse.

—No es eso, Javier. —Mi prima me miró, muy seria—. La Mansión Kraken está maldita. Fue edificada sobre la sangre de miles de inocentes.

Me la quedé mirando, desconcertado.

—¿Por qué dices eso? —pregunté.

En vez de responder, Violeta se incorporó.

—Venga, vamos dentro —dijo—. Ya casi es la hora de comer.

Nos dirigimos a la entrada. Cuando íbamos a abrir la puerta, ella se volvió hacia mí y preguntó:

—¿De verdad que no has notado nada en la casa?

—Nada de nada —respondí.

Era mentira; claro que había «notado» algo. Pero me negaba a reconocerlo, incluso ante mí mismo.

4. La historia de la criada

Al entrar en la casa, me encontré con Ramona, la asistenta. Seguía tan gorda como cuatro años atrás, y con el mismo bigote.

—¡Javieruco! —exclamó al verme—. ¡Por Dios bendito, si estás hecho todo un hombre!

Me dio un carnoso abrazo y estampó dos besos en mis mejillas, para a continuación proceder a admirarse de lo alto que estaba y de lo buen mozo que era. Qué mujer tan simpática; me caía muy bien.

Margarita estaba en el comedor. Apenas había cambiado; llevaba el pelo corto, tan rubio como siempre, y los mismos lentes redondos a lo John Lennon. Me dio un abrazo y me susurró al oído:

—Hola, primito. ¿Sigues espiando a las chicas cuando se duchan?

Me eché a reír y respondí en voz baja:

—Solo a las que bordan.

Como pude comprobar durante la comida, las cosas no habían cambiado demasiado en Villa Candelaria. Entre el primero y el segundo plato, Marga soltó una arenga contra Franco y contra el almirante Carrero Blanco. Hasta entonces Franco había sido el jefe del Estado y también presidente del Gobierno; es decir, tenía todo el poder. Pero en 1973, el dictador contaba ochenta y un años, y la enfermedad de Parkinson minaba su salud, así que en junio de ese año le traspasó la presidencia de Gobierno a su fiel colaborador Luis Carrero Blanco.

—Como el cabrón de Franco está a punto de diñarla, le ha cedido el poder a su perro Carrero —decía Marga—. Pretende que la dictadura perdure después de su muerte.

Tía Adela dejó escapar un sonoro suspiro.

—Pero, hija —dijo—, ¿es que no puedes hablar de Franco sin decir palabrotas?

—Pues no, mamá; y demasiadas pocas digo. Cuando muera Franco, Carrero intentará imponer una monarquía totalitaria y entonces...

Margarita, como buena comunista que era, siguió despotricando un rato contra Carrero Blanco; ninguno de nosotros podía imaginar que, tan solo cinco meses más tarde, el almirante moriría en un atentado de ETA. Pero eso es otra historia.

Después de comer, Violeta me contó que había quedado esa tarde con un amigo.

—Se llama Andrés, es muy majo —dijo—. Iremos a dar una vuelta; ¿te vienes?

—Vale. ¿A qué hora has quedado?

—Se pasará por casa sobre las cinco.

Subí a mi dormitorio, me tumbé en la cama y cerré los ojos con el propósito de echarme una siesta, pero no lograba conciliar el sueño. No podía quitarme de la cabeza la Mansión Kraken. ¿Había notado algo extraño? ¿Realmente había visto a alguien en la ventana? ¿O todo era fruto de mi imaginación? Al cabo de un rato, cogí *Más que humano* y comencé a leer. Y en algún momento me quedé dormido.

Me despertó el timbre de la entrada. Consulté el reloj: era las cinco y cinco. Salté de la cama, fui al baño, me eché agua en la cara para espantar la somnolencia y bajé al salón. Violeta estaba allí acompañada por un joven delgado, de pelo largo, barba y gafas. Como averigüé más tarde, tenía veinticinco años, había estudiado Filosofía y Letras y era profesor de literatura en el Instituto Villajunco.

—Ah, hola, Javier —dijo Violeta al verme entrar—. Ven, te presento a Andrés, mi chico.

Me quedé helado. En aquellos tiempos, la palabra «novio/novia» estaba prohibida entre los jóvenes. En lugar de eso, una chica podía decir «mi amigo», «mi maromo», «mi chorbo», «mi pareja»... o «mi chico». Violeta me estaba diciendo que ese tipo flacucho era su novio.

Violeta tenía novio.

Ni se me había pasado por la cabeza.

—Tu prima me ha hablado mucho de ti —dijo el tal Andrés, estrechándome la mano—. Eres un cazador de fantasmas o algo así, ¿no?

Eso último lo dijo en tono burlón y mirándome con displicencia, como si estuviera hablando con un idiota.

—No, no cazo fantasmas —repliqué.

—Pues Violeta dice que viste uno hace años.

—No... o sí; no sé lo que vi.

—Ah, entonces solo eres medio médium. —Se echó a reír, como si hubiera dicho algo graciosísimo. Y repitió—: ¡Medio médium!

Fruncí el ceño; estaba empezando a irritarme.

—No soy un médium —repliqué—. Ni medio ni entero.

—Pero has venido para cazar al fantasma de los Salazar, ¿no?

—Yo no... Oye, eso es cosa de mi prima.

—No le hagas caso —intervino Violeta—. Andrés es muy bromista. Vamos a dar una vuelta por el centro; ¿te apuntas?

Contemplé a Andrés, que a su vez me miraba a mí con expresión burlona. Lo acababa de conocer y ya me caía mal. Miré a mi prima. ¿Irme a dar un paseo con una parejita, sobre todo si uno de los miembros de la parejita era el tal Andrés? Ni harto de vino.

—Gracias, Violeta, pero estoy un poco cansado —me excusé—; prefiero quedarme en casa leyendo. Pasadlo bien.

Mi prima insistió un poco, pero me mantuve firme y acabaron yéndose. Me acerqué a una ventana y observé cómo se alejaban por el jardín. Violeta rodeó con un brazo la cintura de «su chico», y Andrés hizo lo mismo, solo que posando la mano en el trasero de ella.

Sentí que la sangre me hervía. ¿Qué clase de maniaco sexual —pensé—, va por el mundo tocándoles el culo a las chicas?

* * *

Supongo que debería haberme preguntado por qué me había sorprendido tanto que Violeta tuviese novio. O por qué me había caído tan mal Andrés. O por qué estuve tan malhumorado aquella tarde de domingo, encerrado en mi habitación, intentando leer sin conseguir concentrarme en la lectura. Sí, debería haberme preguntado todo eso, pero no lo hice.

Por el contrario, atribuí mi enfado al hecho de que Violeta hubiera ido por ahí diciéndole a todo el mundo que yo era un médium, lo cual, a mi modo de ver, me hacía quedar como un chiflado. Y sí, eso era una parte del motivo de mi enfado. Pero de la otra parte ni me enteraba.

Violeta regresó a las nueve y media de la noche. Apenas hablé con ella y tampoco dije gran cosa durante la cena. Al acabar, mi prima me preguntó si me pasaba algo. Contesté que me dolía la cabeza, y con esa excusa me fui temprano a la cama. Tardé en dormirme; estaba de muy mal humor.

A la mañana siguiente, durante el desayuno, procuré estar lo más normal posible, pero no debí de lograrlo del todo, porque al salir de la cocina, Violeta me agarró de un brazo y preguntó:

—¿Por qué estás tan enfadado?

—No estoy enfadado —respondí. Luego, resoplé y dije—: Sí, sí que lo estoy. ¿Por qué le has dicho a todo dios que soy un médium?

—Yo no he dicho que seas un médium —se defendió—. He dicho que tienes el don de ver fantasmas.

—Ah, bueno —repuse en tono sarcástico—. Entonces para ti decir que alguien es un bombero te parece muy diferente a decir que alguien trabaja apagando fuegos, ¿no?

Violeta puso cara de niña pillada en falta.

—Vale, lo siento —dijo—. No creía que te fuera a molestar tanto. Pero te juro que nunca he dicho y nunca diré que eres un bombero...

No pude evitar una sonrisa.

—Tonta —dije.

—Bobo —respondió.

Y así quedó más o menos zanjado el asunto. Elena se presentó pasadas las diez de la mañana y nos reunimos con ella en el dormitorio de Violeta.

—Ya tengo el teléfono y la dirección de la criada de Melquiades —nos contó—. Se llama Rosario Martínez y vive en el barrio pesquero.

—¿Qué sabes de ella? —pregunté.

—Nunca la he visto. Mi padre me ha dicho que, cuando murió Melquiades, le ofreció quedarse como guardesa, pero ella lo rechazó.

—¿Tienes las direcciones de los guardeses que vivieron después en la casa? —preguntó Violeta.

—Sí.

—Deberíamos telefonearlos.

—Vale —aprobé—. Pero después; primero la criada.

Bajamos al salón y Elena telefoneó a Rosario Martínez. La mujer estaba en su casa y accedió a vernos esa misma mañana, así que montamos en el Mini de Elena y partimos hacia el barrio pesquero.

***

El domicilio de la antigua criada se encontraba cerca del Muelle de Maliaño, en el segundo piso de una humilde casa de tres plantas. Rosario Martínez era más joven de lo que yo había supuesto; debía de rondar los cincuenta y cinco años o así. Estaba algo entrada en carnes y tenía el pelo moreno, recogido en un moño. Nos recibió en un saloncito; tras preguntarnos si queríamos tomar algo, nos invitó a sentarnos en torno a una mesa camilla.

—Supongo que vienen por los papeles de don Melquiades —dijo.

—En parte sí —respondió Elena.

—Ya se lo dije a su señor padre, señorita: lo siento mucho, pero no sé dónde están esos documentos. Don Melquiades siempre tenía muy ordenado su despacho; nunca vi papeles encima del escritorio ni nada fuera de su sitio. Y, como comprenderán, jamás se me ocurriría hurgar en sus cajones.

—¿Cuánto tiempo trabajó en casa del señor Salazar? —pregunté.

—Empecé en enero de 1954 —respondió—, y estuve interna allí hasta que el señor murió. Diecisiete años en total.

—¿Y qué tal era?

—¿Don Melquiades? Un bendito. La persona más buena que he conocido en mi vida.

—Dicen que vivía como un ermitaño —intervino Violeta.

—Salía poco de casa, pero no era un ermitaño. Todos los miércoles acudía al Club Filatélico, y los viernes iba al Círculo Ajedrecístico Ruy López. Al señor le gustaba mucho el ajedrez; incluso intentó enseñarme, pero nunca se me dio bien. Muchas veces venían a casa amigos suyos para jugar.

—¿Recuerda a alguno? —preguntó Violeta.

—El que lo visitaba con más frecuencia era don Sebastián Laredo, del Círculo. Creo que era su mejor amigo.

Hubo un silencio.

—¿El señor Salazar estaba bien de salud? —pregunté.

—Como una rosa. Jamás le vi enfermo y, pese a su edad, se valía enteramente por sí mismo. Por eso me llevé un disgusto tan grande cuando falleció. No me lo esperaba.

Me quedé pensativo.

—Cuando el señor Salazar murió —dije—, el padre de Elena le ofreció a usted quedarse en la casa como guardesa, pero no aceptó. ¿Puedo preguntarle por qué?

La mujer demoró unos segundos la respuesta.

—Mi hermano tiene un restaurante aquí cerca —dijo al fin—. Hacía tiempo que me insistía en que dejara mi trabajo y le ayudara con el negocio, pero yo le tenía demasiado cariño a don Melquiades como para abandonarlo. Luego, cuando murió, nada me ataba allí. Además...

Rosario dejó la frase sin terminar y bajó la mirada, como si se hubiera arrepentido de lo que iba a decir.

—¿Además? —pregunté.

La mujer titubeó.

—Es que... van a pensar que estoy loca.

—Le juro que no —la tranquilicé—. Puede decir lo que quiera.

—Pues que esa casa... —Hizo una pausa, carraspeó y concluyó—: Esa casa me daba miedo, está encantada.

—¿La Mansión Kraken?

—Sí. Allí hay algo...

—Un fantasma —dijo Violeta.

—Sí, señorita, un fantasma. Aunque me tomen por loca.

—¿Lo ha visto usted? —pregunté.

Rosario negó con la cabeza.

—Verlo directamente, no. Pero sentirlo... A veces veía reflejos en los cristales de las ventanas estando sola en una habitación. O sombras que se movían. O escuchaba golpes en las paredes, o el sonido de unos pasos cuando no había nadie, o gemidos que no procedían de ninguna parte. Otras veces, estaba en una habitación y la temperatura bajaba de golpe. O de repente llegaba un olor asqueroso. Las luces se apagaban y encendían solas, las cosas cambiaban de sitio sin que nadie las tocase... Si eso no es un fantasma, que venga Dios y lo vea.

Sobrevino un denso silencio.

—Jesús, qué miedo —murmuró Elena.

—¿Desde cuándo notó usted esos... fenómenos? —pregunté.

—¿Desde cuándo? Pues desde que empecé a trabajar en la casa, en el 54. Al principio solo pasaba de vez en cuando, pero al final era un sinvivir. No ganaba para sustos.

—¿Y el señor Salazar lo sabía?

—Claro que sí, pero no le daba importancia. Cuando lo hablé con él, me dijo que no me preocupara, que era algo inofensivo. Y estaba en lo cierto, porque nunca me sucedió nada. Pero tenía mucho miedo, y me hubiera ido de allí de no ser porque me parecía una canallada dejar solo a un anciano tan bueno. Cuando murió, me largué al día siguiente; y no pienso volver a pisar esa casa en mi vida.

Intercambié unas miradas con Violeta y Elena.

—¿Cómo era la vida cotidiana del señor Salazar? —pregunté.

—Se levantaba temprano, a eso de las seis y media de la mañana. Después de desayunar, se encerraba en su despacho y estaba allí hasta que, a la una, le servía la comida. Después solía echarse una siesta, y por las tardes recibía visitas, o leía en la biblioteca, o escuchaba discos en la sala de música. Cenaba pronto, a las ocho y media, y a las diez y media como muy tarde se iba a la cama. Era un hombre muy metódico.

—¿Sabe lo que hacía en su despacho, por las mañanas?

—No, ni idea. Procuraba no molestarlo.

Desvié la mirada; ya no sabía qué más preguntarle.

—¿Se le ocurre algo más que pueda ayudarnos? —dije—. ¿Algo extraño relacionado con el señor Salazar?

Rosario reflexionó durante unos segundos y sacudió la cabeza.

—No, lo siento. Don Melquiades era un caballero de los de antes, es todo lo que puedo decir.

Le dimos las gracias por su colaboración y nos despedimos. Rosario nos acompañó hasta la puerta, pero antes de abrirla se detuvo con el ceño fruncido y la mirada ladeada, como si de pronto hubiera recordado algo.

—Ahora que lo pienso —dijo—, sí que pasaba algo raro con don Melquiades. A veces, desaparecía. Lo buscaba por toda la casa y no daba con él. Luego, al cabo de un rato, volvía a aparecer.

—¿Y dónde se metía? —preguntó Violeta.

—Nunca se lo pregunté. La casa es grande, así que supongo que mientras yo iba por un lado, él iba por otro. O quizá salía al jardín sin que yo me diera cuenta, no lo sé. Pero era como si desapareciese.

Se encogió de hombros y abrió la puerta para permitirnos salir.

* * *

Una vez en el exterior, nos detuvimos frente al portal. El cielo no estaba cubierto, pero lo surcaban muchas nubes, de modo que pasábamos del sol a la sombra alternativamente.

—¿Te crees ya que hay un fantasma en la Mansión Kraken? —me preguntó Violeta.

¿Lo creía? No las tenía todas conmigo. El testimonio de Rosario Martínez parecía sincero, y no podía ocultarme a mí mismo que había «notado» algo extraño en la casa, pero mi yo racional seguía negándose a creer en fantasmas.

—Vale —respondí—, supongamos que hay un fantasma. Lo que está claro es que no puede ser el fantasma de Melquiades Salazar, porque ya se manifestaba en la casa cuando el anciano aún estaba vivo.

—Eso es verdad —dijo Violeta.

—Entonces, ¿quién es? —preguntó Elena.

—Hay varias opciones —respondió mi prima, pensativa.

Recordé lo que había dicho Violeta acerca de que la mansión había sido construida sobre sangre inocente. ¿A qué se refería? Hubo un silencio.

—¿Y ahora qué vamos a hacer? —preguntó Elena.

—Deberíamos ir al Club Filatélico que frecuentaba Salazar —dije—. Y sobre todo al Círculo Ajedrecístico, para hablar con su amigo Sebastián.

—Pero no hoy —replicó Violeta—. Mejor ir los mismos días que iba Salazar; pasado mañana y el viernes. Ahora me gustaría hablar con los guardeses.

—Tengo sus teléfonos —dijo Elena—. Si quieres, vamos a casa y llamas desde allí.

Elena vivía en un chalet de la Avenida de la Reina Victoria, cerca del Sardinero en dirección al centro; una casa de dos plantas con vistas al mar rodeada por un pequeño jardín. Nos invitó a acomodarnos en el salón, una habitación decorada con buen gusto y estilo moderno.

—Mis padres están en Madrid —dijo Elena—. Vendrán en agosto.

El primero de los guardeses, el que solo duró un mes, se llamaba Agustín López. Violeta le telefoneó, pero no estaba en casa. Más tarde dio con él, pero no sirvió para nada, porque el hombre, antes de colgar sin despedirse, se limitó a decir que en la casa sucedían cosas raras, que no quería hablar de eso y que le dejara en paz.

Con los otros guardeses, un matrimonio formado por Marcelo Contreras y Luisa Lafuente, hubo más suerte. Marcelo no estaba, pero sí su mujer; tras hablar con ella, Violeta nos dijo que, según le había contado Luisa, los fenómenos extraños comenzaron desde su primera noche de estancia en la Mansión Kraken. Básicamente, consistían en lo mismo que nos había contado Rosario: habitaciones en las que de repente hacía un frío helador, olores nauseabundos, luces que se apagaban y encendían sin causa aparente, ruidos extraños, sombras...

Aun así, aguantaron tres meses porque necesitaban el dinero. Sin embargo, una noche, cuando estaban en la cama, se despertaron simultáneamente en plena madrugada. Al principio no vieron nada, pero sí escucharon algo raro, un sonido de cosas mojadas y viscosas deslizándose. De pronto, vieron que las sombras que había frente a la cama comenzaban —según sus propias palabras— a «moverse», hasta formar la imagen de un «ser monstruoso». Esa misma noche hicieron las maletas, abandonaron la casa y no regresaron jamás.

—Caray —dijo Elena—; se me han puesto los pelos de punta...

Me quedé pensativo; ¿de verdad había un fantasma en esa casa?

—Deberíamos volver allí —dije.

—¿Adónde?

—A la Mansión Kraken. Estaría bien echarle un vistazo más a fondo, sobre todo a la biblioteca.

—Podemos ir esta tarde —propuso Violeta.

—Ay, yo no puedo —dijo Elena—. Tengo cita con el dentista. Pero id vosotros. —Sacó del bolso unas llaves y me las entregó—. Os he hecho una copia, para que podáis entrar cuando queráis.

—¿Y cómo vamos a ir y volver? —pregunté.

—Andando, so vago —respondió Violeta—. Solo son dos kilómetros y pico.

Pero no fuimos andando, sino de la peor manera posible. Al menos para mí gusto.

5. *Narraciones Terroríficas*

Comimos en Villa Candelaria, con mis tíos, Marga y Azucena. Después, cogí mi novela y me senté a leer en el salón. *Más que humano*, de Theodore Sturgeon, trata sobre un grupo de marginados dotados de poderes extraordinarios. Un joven vagabundo que tiene la capacidad de influir en las mentes de la gente; una niña de ocho años que mueve objetos con la mente; dos gemelas mudas que pueden teleportarse; un bebé con síndrome de Down y el cerebro similar a un ordenador; y Gerry, un niño telépata. El destino une a esos frikis, y juntos se convierten en una *Gestalt*, un ser superior surgido de la suma de todos ellos, un ente, como dice el título, «más que humano».

Es una novela poética, dura y cruel a veces, llena de esa clase de ideas que hacen que te dé vueltas la cabeza y te preguntes por cosas en las que jamás habías pensado. Y ahí estaba yo, enfrascado en el texto, a punto de concluir la historia, cuando Violeta fue a buscarme y me dijo:

—Andrés se ha ofrecido a llevarnos a la mansión. Vendrá a buscarnos en quince minutos.

Ella se fue y yo me quedé mirando al vacío con cara de idiota. Salir con mi prima y su insufrible novio era lo último que me apetecía, pero no se me ocurrió ninguna excusa convincente. Así que un cuarto de hora más tarde me estaba subiendo a la parte trasera del Seat 850 de segunda mano de Andrés.

—¿Qué, a cazar fantasmas? —preguntó con sorna mientras me sentaba.

Masculló algo por lo bajo y conté mentalmente hasta diez. Violeta ocupó el asiento del copiloto y le dio un beso en los labios a Andrés. En aquel momento no supe por qué, pero ese beso me irritó tanto que bajé la mirada y no abrí la boca durante todo el trayecto.

* * *

Cuando finalmente llegamos a la Mansión Kraken y nos bajamos del coche, me quedé mirando la casa con el vago temor de vislumbrar un rostro detrás de alguna ventana, pero por fortuna no vi nada, de modo que abrí la puerta y entramos.

—Así que esta es la casa encantada —comentó Andrés con ironía mientras paseaba la vista por el salón—. ¿Y ahora qué vais a hacer, una *ouija* o algo así?

Volví a contar mentalmente hasta diez.

—Vamos a explorar la casa más a fondo —respondió Violeta.

—Vale, pues si no os importa, yo me quedo aquí leyendo. Si veo un fantasma o un hada, os aviso.

Dicho esto, rio entre dientes, se acomodó en un sillón cerca de una ventana y sacó un libro —*Apocalípticos e integrados*, de Umberto Eco— de la bandolera que llevaba al hombro.

—¿Por dónde empezamos? —me preguntó Violeta.

—Por las zonas que no vimos ayer —respondí.

Nos dirigimos al sótano en primer lugar. Bajamos por la escalera situada junto al comedor, abrimos una puerta y Violeta pulsó el interruptor de las luces, pero debían de haberse fundido. Por fortuna, mi prima había traído una linterna, así que la encendió y bajamos otro tramo de escalera. Mientras lo hacíamos, no pude evitar acordarme de todas las películas de terror en las que los protagonistas descienden a oscuras por una escalera, para encontrarse, tras un largo suspense, con algo horrible y probablemente mortal.

No obstante, en el sótano no había absolutamente nada, salvo mucho polvo, telarañas y una caldera de carbón que debía de llevar décadas sin utilizarse, pues tanto la calefacción de la casa como el agua caliente ya se generaban mediante electricidad. En realidad, era un sótano muy pequeño que solo constaba del cubículo de la caldera y una carbonera ahora vacía.

Algo decepcionados, regresamos a la planta baja y subimos al segundo piso por la escalera principal; luego, remontamos la escalera que conducía a la azotea. Había una enorme terraza y, al igual que en Villa Candelaria, un trastero cerrado. Abrí la puerta con una de las llaves que me había dado Elena y nos adentramos en su interior.

El trastero estaba iluminado por dos ventanas redondas y era largo y estrecho, como un gran vagón de tren. Aparte de eso, y al contrario que en Villa Candelaria, estaba prácticamente vacío. Tan solo había unos somieres y unos cabeceros apoyados contra la pared de la derecha y un polvoriento baúl. Nos acercamos a él y lo abrimos. Contenía un montón de juguetes antiguos: coches de hojalata, un tren eléctrico, un Meccano, una pistola de corchos, soldaditos de plomo, robots de lata, juegos de mesa... Supusimos que eran recuerdos de la infancia de Melquiades Salazar y cerramos el baúl. Violeta miró en derredor y sacudió la cabeza.

—Aquí no hay nada —dijo, decepcionada.

—Al menos no tendremos que mover trastos como hace cuatro años —comenté en tono de broma.

Violeta suspiró.

—¿Vamos a la biblioteca?

Asentí con un cabeceo y, tras cerrar el trastero, nos dirigimos a la segunda planta. Al pasar frente a la habitación azul, me detuve; había algo allí que me intrigaba, pero no sabía qué.

—Espera un segundo —dije.

Entré en el dormitorio seguido por mi prima y me lo quedé mirando.

—¿Qué pasa? —preguntó Violeta.

—Nada —respondí—. ¿Por qué es azul este cuarto?

—Ni idea. ¿Te parece importante?

Me encogí de hombros. De pronto, percibí un movimiento por el rabillo del ojo, como si algo se agitara a la altura del armario empotrado. Un escalofrío me recorrió la espalda. Me aproximé al armario y lo abrí de par en par, pero seguía tan vacío como el día anterior.

—¿Qué pasa? —repitió Violeta.

—Me parecía que... —comencé a decir; pero en vez de continuar, cerré el armario y concluí—: No importa, me he equivocado.

Ella me miró con suspicacia, aunque no dijo nada. Salimos de la habitación y nos dirigimos a la planta baja. Al cruzar el salón en dirección a la biblioteca, Andrés alzó la mirada del libro que estaba leyendo y preguntó en tono sarcástico:

—¿Habéis encontrado algún fantasma conocido? ¿El de Napoleón, por ejemplo?

—Tonto —respondió Violeta, sonriente.

Yo no dije nada, pero pensé: «¿Tonto? Ni de coña: gilipollas perdido».

Entramos en el despacho de Salazar y me detuve un momento observando los medallones pintados en las paredes, las tres diosas y el dios; debajo de cada uno de ellos había diez letras, pero no significaban nada, solo eran vocales y consonantes sin orden ni sentido.

—¿No se te ocurre qué pueden significar esas letras? —pregunté.

Violeta se encogió de hombros otra vez.

—Ni idea.

Me aparté de los medallones y me centré en el escritorio.

—¿Has mirado en los cajones? —pregunté.

Violeta negó con la cabeza. Luego, nos acercamos al escritorio y lo inspeccionamos a fondo; pero no había nada, ni siquiera un mísero clip.

—Probablemente lo vació el padre de Elena —dijo ella.

—Y es de suponer que no encontró nada importante —concluí.

Abandonamos el despacho y entramos en la biblioteca. De nuevo me sentí abrumado por la inmensa cantidad de libros que se alineaban en los anaqueles.

—¿Y qué vamos a buscar aquí? —preguntó Violeta.

—Nada en concreto —respondí—. Pero siempre he pensado que por los libros que lee una persona se puede saber cómo es.

Lo primero que descubrí fue que Salazar era un políglota, pues, aparte de libros en español, había textos en inglés, francés y alemán. Apenas encontré novelas, casi todo eran ensayos; tratados sobre filosofía, historia, antropología o religión, así como sobre ajedrez. También había varios libros dedicados al esoterismo y la alquimia, como *La doctrina secreta*, de Madame Blavatsky, *La estrella flamígera*, de Barón de Tschoudy, o *Las bodas químicas de Christian Rosenkreutz*, de Valentín Andrea.

Al cabo de un rato, dejé de examinar la biblioteca y suspiré con desánimo.

—¿Qué pasa? —preguntó Violeta.

—Pues que estos libros son demasiado para mí —dije—. Está claro que Salazar era muy culto.

Volví a suspirar y paseé la mirada por los estantes de las librerías. Al ojear los más altos, algo me llamó la atención. Todos los libros de aquella biblioteca estaban encuadernados en tapa dura, incluyendo lujosas ediciones con cubiertas de cuero. Sin embargo, en uno de los estantes más elevados había algo distinto.

Empujé la escalera deslizándola por el riel y trepé por ella. En el anaquel superior había un montón de revistas viejas; cogí una y contemplé con asombro su portada. En ella aparecía el dibujo de un hombre y una mujer contemplando con caras de horror algo situado a su izquierda. Un titular rezaba: «El monstruo de la Tierra», y un cartelito situado en el ángulo inferior derecho advertía: «No debe leerse de noche». La revista se llamaba *Narraciones Terroríficas*.

—¡No me lo puedo creer! —exclamé.

* * *

—¿El qué? —preguntó mi prima.

Bajé de la escalera y le enseñé la revista.

—Mira —dije.

—Ya miro. ¿Y qué?

—Que conozco esta revista —proclamé triunfal—. Aunque nunca había tenido un ejemplar en las manos.

Violeta me miró como si me hubiera vuelto loco. Normal; hay que ser un pirado de la ciencia ficción, como yo, para saber lo que era aquello.

—¿Te acuerdas de José Mallorquí? —pregunté—. Hablamos de él hace cuatro años.

—Claro, es un escritor muy conocido. O lo era, porque leí en el periódico que falleció el año pasado, ¿no?

—Sí; no pudo soportar la muerte de su mujer y se quitó la vida. Pobre hombre... —Carraspeé—. El caso es que Mallorquí es conocido sobre todo por la serie de wésterns de *El Coyote* y otras novelas del Oeste. Pero escribió sobre otros géneros, como ciencia ficción o policiaco. Lo que no todo el mundo sabe es que, al comienzo de su carrera, Mallorquí se ocupó de editar esta revista dedicada a las historias de terror. Él coordinaba la edición y traducía los relatos del inglés. Aunque vivía en Barcelona, la revista se publicó en Argentina a finales de los años 30 y comienzos de los 40. En España no se distribuyó. Es muy rara.

—Muy interesante —dijo Violeta con evidente desinterés—. ¿Y qué?

—Pues... espera un momento.

Dejé la revista sobre la mesita de ajedrez y subí de nuevo por la escalera. En el anaquel, junto a los ejemplares de *Narraciones Terroríficas*, había otras publicaciones de formato más reducido. Cogí una: era una vieja revista norteamericana llamada *Weird Tales*[1]. Bajé de la escalera y se la enseñé a mi prima.

—Otra revista de terror —dije—. Y hay muchas más. ¿No te parece raro?

Violeta se encogió de hombros.

—No sé..., ¿por qué?

Hice un gesto abarcando la estancia.

—Fíjate en estos libros —dije—. Salazar era un tío muy culto, un erudito. ¿Cómo es que un erudito tiene en su biblioteca un montón de revistas populares baratas?

—Pues siendo aficionado al terror.

—Vale, supongamos que lo era. Entonces lo lógico sería que incluyese en su biblioteca títulos más respetables, como *Drácula* de Bran Stoker, *Otra vuelta de tuerca* de Henry James o los relatos de Edgar Allan Poe. Demonios, si hasta Beatriz Obregón tenía un

---

1 *Weird Tales*: «Cuentos Extraños».

ejemplar del *Frankenstein* de Shelley y varias novelas góticas. Sin embargo, aquí no hay nada de eso: solo un montón de revistas *pulp*[2] de terror.

Violeta se me quedó mirando en silencio.

—Vale —dijo inexpresiva—. ¿Y qué conclusión sacas de eso?

—Eh..., ninguna. Pero es raro.

Súbitamente, sentí un estremecimiento, como si la temperatura hubiera bajado varios grados. Al mismo tiempo, experimenté la intensa sensación de estar siendo observado. Violeta debió de sentir lo mismo, porque ambos nos removimos inquietos y miramos en derredor.

—Hace frío... —murmuró ella, abrazándose a sí misma.

No dije nada, a pesar de que era cierto: de repente la atmósfera se había vuelto gélida. Nos quedamos en silencio durante un largo minuto, expectantes, como si fuera a suceder algo en cualquier momento. Pero no pasó nada y, poco a poco, la atmósfera de la biblioteca fue recuperando su temperatura normal.

—Debe de haber sido una corriente de aire —dije.

—¿En pleno verano? —replicó mi prima con escepticismo.

Me quedé pensativo, pero no me gustaba lo que estaba pensando. Sacudí la cabeza.

—Ya no tenemos nada más que hacer aquí —dije—. Vámonos.

---

2 Las revistas *pulp* eran publicaciones populares hechas con papel barato (de pulpa) que contenían relatos sensacionalistas y fantasiosos.

Devolví las revistas a su lugar y abandonamos la biblioteca. Al vernos, Andrés hizo un par de comentarios sarcásticos a los que no presté atención. Yo estaba nervioso; durante todo el rato que estuve en la casa, y luego, mientras salíamos y cerraba la puerta, sentía con intensidad que alguien o algo me estaba vigilando.

Nos dirigimos al coche y antes de entrar me volví de nuevo para contemplar el edificio. Esa vez no vi ningún rostro, pero de repente empezó a crecer en mí la sospecha, la intuición más bien, de que había algo incorrecto en la casa. Era como cuando haces un pasatiempo, los siete errores, y sabes que hay algo equivocado en la imagen, pero no logras descubrir qué.

—Venga, chaval, que te estamos esperando —me urgió Andrés, sentado al volante.

«Imbécil», pensé mientras entraba en el vehículo.

* * *

Habíamos quedado con Elena a las siete en el Rhin, así que nos dirigimos allí y ocupamos una de las mesas de la terraza. Elena se retrasó (como, al parecer, era su costumbre), lo cual permitió que Andrés y yo charláramos «amigablemente» y nos conociéramos mejor. ¿Existe el amor a primera vista? Yo nunca lo he experimentado; pero puedo asegurar con absoluta certeza que el odio a primera vista sí que existe. Es lo que yo sentía por Andrés. Me cayó mal desde el principio, con ese pelo a lo *hippy* y su aire de intelectual de pacotilla. Era engreído, desdeñoso, arrogante, despectivo, ególatra, prepotente, vanidoso, petulante... En fin, quizá exageraba un poco; pero por aquel entonces podría haber seguido añadiendo adjetivos similares hasta aburrirme.

Mientras esperábamos a Elena, Violeta le contó a «su chico» los avances que habíamos hecho en la búsqueda de los documentos de Salazar. Cuando le habló de las revistas que encontré en la biblioteca, Andrés soltó una de sus irritantes risitas y me dijo:

—Tu prima me ha contado que te gusta la ciencia ficción, ¿eh, Javi?

Detesto que me llamen «Javi». Respiré profundamente.

—Sí —respondí lacónico.

Me dedicó una mirada de suficiencia.

—Bueno —dijo—, aún eres muy joven; tienes tiempo para mejorar tus lecturas.

—¿No te gusta la ciencia ficción? —pregunté, insólitamente calmado.

—Es un género infantil, sin ningún interés.

—Venga, Andrés —medió Violeta—. No toda la ciencia ficción es así. Por ejemplo, las *Crónicas Marcianas* de Ray Bradbury son una maravilla.

—Porque Bradbury trasciende al género —replicó él—. En realidad no escribe ciencia ficción.

Yo odiaba ese argumento. La premisa consistía en que toda la ciencia ficción era mala literatura, así, por decreto. Si un escritor escribía una buena novela de ciencia ficción, entonces, según dicha premisa, esa novela no era ciencia ficción.

—¿Qué has leído de ciencia ficción? —le pregunté.

—Nada. No necesito leer sobre marcianos y gente vestida con papel de plata para saber que no me interesa.

—Eso son películas de serie B. ¿Qué novelas has leído?

Andrés alzó una despectiva ceja.

—Mira, Javi: la literatura, la grande, la buena, trata sobre temas humanos, no sobre robots o naves espaciales. La verdadera literatura te muestra la realidad, lo que auténticamente somos. Los géneros populares, la ciencia ficción, la fantasía, el terror son escapistas. No hablan de la realidad, son fábulas para niños.

Me lo quedé mirando impertérrito, aunque mi interior ardía como una caldera.

—La buena ciencia ficción —dije— no habla del futuro, sino del presente. Son nuestros miedos y esperanzas proyectados al futuro. Por otro lado, ¿qué es la realidad? ¿Lo que experimentamos dieciséis horas al día, mientras estamos despiertos? ¿Y qué pasa con las otras ocho horas, cuando dormimos? Los sueños también forman parte de nuestra realidad.

—¡Sueños! —Soltó otra irritante risita—. Fantasías, bobadas. Lo que yo busco es el conocimiento que me aporta la gran literatura, como por ejemplo todo lo que me enseña William Shakespeare sobre la naturaleza humana.

Mis labios se distendieron con una sonrisa. La clase de sonrisa que en realidad significa: «¡Te he pillado!».

—Disculpa —repliqué—, pero si mal no recuerdo, fue Shakespeare quien dijo en su obra *La tempestad*: «Estamos hechos de la misma materia que los sueños». Además, Shakespeare escribió *El sueño de una noche de verano*, así que algo debían de interesarle los sueños, aunque fuera un poquito.

Andrés se quedó cortado, sin saber qué responder. Me lo tomé como un pequeño triunfo, aunque me libré muy mucho de confesar que sabía eso, no por haber leído a Shakespeare, sino porque un par de años atrás había hecho un trabajo en el colegio sobre él. Tras un desconcertado titubeo, Andrés abrió la boca para replicar algo, pero la repentina llegada de Elena le enmudeció.

—Llego tarde, lo siento. Es que el dentista me ha hecho esperar una eternidad...

Elena, como solía ocurrir, había despertado la atención de todos los hombres que ocupaban la terraza, así como la envidia de todas las mujeres. Ataviada con unos vaqueros tan ceñidos como una segunda piel y una blusa de amplio escote que dejaba al descubierto la cintura, repartió un puñado de besos aromatizados con Chanel y se sentó con nosotros. Por lo visto, Andrés no la conocía, así que se quedó mirándola embobado, con más cara de tonto de lo usual.

—¿Te ha hecho mucho daño? —preguntó Violeta.

—¿El dentista? —Elena negó con la cabeza—. Qué va, solo era una limpieza dental. ¿Los tengo bien?

Abrió los labios, mostrando unos dientes sencillamente perfectos, los dientes más sexis que había visto en mi vida. ¿Cómo pueden ser sexis unos dientes?, me pregunté. No lo sé, pero lo eran. Andrés y yo asentimos vigorosamente, confirmando que aquellos dientes estaban mejor que bien.

—Bueno —dijo Elena—, ¿habéis averiguado algo?

Violeta le contó lo que habíamos hecho, que a decir verdad era muy poco, y luego le explicó lo que íbamos a hacer.

—Pasado mañana visitaremos el Club Filatélico que frecuentaba Melquiades. Y por la tarde iremos a la tienda del capitán Bárcena. Un amigo suyo va a contarnos la historia de la familia Salazar.

—Eso no me lo pierdo —dijo Elena—. Son mis antepasados.

Andrés estuvo sorprendentemente callado todo el tiempo, muy interesado, al parecer, en Elena. De hecho, le pillé varias veces echándole furtivas miradas a su escote, lo cual me ratificó en la idea de que era un depravado sexual. Tras un rato de charla, Violeta dijo que Andrés y ella habían quedado con unos amigos y nos invitó a acompañarlos. Yo rechacé la oferta con una excusa y, para mi sorpresa, Elena hizo lo mismo.

—A mí el dentista me deja chafada —dijo—. Me quedo aquí un ratito más.

Y así fue cómo me quedé a solas con aquella diosa.

* * *

Es sorprendente lo mucho que puede cohibir la belleza. Cuando Violeta y su chico se fueron, me quedé mirando a Elena, con una sonrisa tonta flotando en la cara y sin saber qué decir; por fortuna, ella no tardó en romper el hielo:

—Violeta me ha dicho que estudias Física.

—Sí, en la Complutense.

—Vaya, debes de ser muy listo.

—No, qué va; me mato a estudiar y solo saco aprobados. ¿Tú qué haces?

—Estudio Económicas y Empresariales en ICADE —respondió.

ICADE era y es uno de los centros de estudio más prestigiosos, caros y selectos del país, una institución reservada para la élite, tanto económica como intelectual. Conforme charlábamos, fue quedando cada vez más claro, si es que no lo estaba desde el principio, que ella y yo pertenecíamos a estratos sociales diferentes. Yo era de clase media-media, y ella de clase alta, altísima.

Elena me contó que tenía dos hermanos mayores, que jugaba al tenis y al golf, que los músicos que más le gustaban eran Simon y Garfunkel, Nino Bravo y David Bowie, que era socia del Club de Campo, que era aficionada a los toros, que de vez en cuando se iba con su padre a cazar, que había hecho de modelo para un anuncio de unos grandes almacenes.

—Fue hace dos años —dijo— y no era la *prota* ni nada de eso; éramos varias chicas. Fue divertido, pero no me gustó. Es un mundo tan superficial...

Me contó también que le encantaba viajar, que en invierno iba a esquiar a Suiza o a Baqueira Beret, que montaba a caballo, que solía frecuentar el bar *Roma* de Madrid, en la calle Serrano... Me habló de su familia, de sus amigos y de sus planes futuros: fundar una empresa de moda. Me hizo un resumen, en fin, de su vida y milagros. Cuando acabó, se me quedó mirando y preguntó:

—¿Y tú qué aficiones tienes, Javier?

—Me temo que soy mucho menos sofisticado que tú —respondí—. Me gusta leer, ir al cine y el único deporte que practico es baloncesto. Y no soy nada bueno.

—Yo no leo mucho —comentó ella—, solo revistas; pero me encanta el cine. Mi película favorita es *Love Story*. ¿Y la tuya?

—*2001: Una odisea del espacio* —respondí.

—Ah, sí; la vi —dijo con expresión de extrañeza—. Y no entendí nada. ¿Tú sí?

—Sí. Además leí la novela de Arthur C. Clarke.

—Pues me la tienes que explicar.

De pronto, Elena miró por encima de mi hombro y torció el gesto.

—Será posible... —murmuró.

Miré hacia atrás, pero no vi nada raro.

—¿Qué pasa?

—Nada —respondió—, ya se ha ido. Era Mariano, mi ex; desde que lo dejamos me sigue a todas partes. Se esconde para espiarme y, cuando le pillo, desaparece. Pero siempre vuelve. Qué pesado. Se está portando como un idiota.

—Bueno, que una chica como tú te deje debe de ser un palo.

Me dedicó una de sus radiantes sonrisas.

—Qué mono eres —dijo—. ¿Sales con alguien?

Negué con la cabeza. Había tenido un breve romance con una compañera de clase, nada importante; pero lo habíamos dejado hacía unos meses. Mejor dicho: me dejó ella, pero no me importó demasiado. No estábamos hechos el uno para el otro.

Elena y yo seguimos charlando un rato más. A eso de las nueve nos levantamos para irnos; ella se ofreció a llevarme a casa en su Mini, pero estaba muy cerca y no valía la pena, así que nos despedimos con un beso.

Mientras caminaba de regreso a Villa Candelaria, no sé por qué, me sentía como flotando en una nube.

* * *

Aquella noche, después de cenar, le pedí a Violeta las fotos de la Mansión Kraken y me encerré con ellas en mi dormitorio para examinarlas con atención. No podía quitarme de la cabeza que había algo «incorrecto» en la casa, aunque no lograba descubrir qué era.

Contemplé la foto de la fachada principal; en la planta baja estaba la entrada y dos ventanas ojivales, y en la planta superior otras dos ventanas y un balcón. Cogí la foto del ala oeste: tres ventanas en la planta baja, otras tres en la segunda planta y tres más, redondas, en el altillo donde estaba el desván. La foto del ala este mostraba una distribución similar, con tres ventanas en cada planta y la terraza arriba del todo. Por último, en la parte trasera había dos ventanas grandes y dos pequeñas en cada planta. Examiné las gárgolas, las molduras, las balaustradas, los canecillos, las cornisas... y todo parecía estar bien.

Pero yo tenía la sensación de que algo no cuadraba.

6. *La estirpe maldita de los Salazar*

Al día siguiente, durante el desayuno, Violeta me contó que ya había leído *Estación de tránsito*, el libro que le regalé.
—¿Y qué te ha parecido? —pregunté.
—Me ha gustado mucho. Es una historia muy poética, muy llena de humanidad. Y también un poco triste... No, triste no: melancólica. Mientras la leía, podía sentir la soledad del protagonista. Pero me ha encantado.

La novela de Clifford D. Simak, ambientada a mediados del siglo XX, está protagonizada por Enoch Wallace, una especie de ermitaño que vive en una cabaña de un bosque de Wisconsin. Un buen día, la CIA comienza a investigarlo, porque aunque Wallace parece un treintañero, en realidad tiene ciento veinticuatro años de edad. Un agente investiga su cabaña en secreto y descubre que está hecha con materiales extraños. También encuentra tres tumbas en el jardín; dos corresponden a los padres de Wallace, pero la lápida de la tercera está grabada con caracteres extraños. Cuando la excavan, encuentran el cadáver de un ser extraterrestre.

En realidad, la cabaña es una estación de tránsito interestelar que los extraterrestres utilizan como escala en sus viajes a través del universo, y Wallace es el guardián de la estación. Luego, la historia evoluciona llena de momentos mágicos y maravillosos. Adoraba, y adoro, esa novela.

Cuando acabamos de desayunar, Violeta puso delante de mí una bolsa de plástico.

—Para ti —dijo.

La bolsa contenía un libro de bolsillo: *El señor de las moscas*, de William Golding.

—Vaya —dije, contemplando la portada—, me han hablado muy bien de esta novela. Gracias.

De repente, tuve la sensación de que volvíamos a ser adolescentes, como cuando cuatro años atrás nos regalábamos libros en una especie de competición literaria. Y esa sensación de vuelta atrás se prolongó toda la mañana, porque Violeta y yo decidimos ir a la playa, como en los viejos tiempos.

Hacía un día estupendo, de modo que la Primera Playa del Sardinero estaba muy concurrida. Extendimos las toallas donde solíamos hacerlo, junto a las rocas que nos separaban de la Segunda Playa, al pie de los jardines de Piquío. Violeta se tumbó, cerró los ojos y se relajó instantáneamente. No había cambiado, podía estar horas tomando el sol. Me senté sobre la toalla y me la quedé mirando. Llevaba puesto un bañador rojo que resaltaba su bonita silueta, y tenía la piel dorada. Estaba muy guapa. Sin embargo, no fue eso lo que pensé; creo que por aquel entonces miraba a las chicas comparándolas inconscientemente con la voluptuosa Elena. Y muy pocas podían resistir, en lo que al físico se refiere, aquella comparación.

Sí, yo era muy tonto, ya lo sé.

Me tumbé y cerré los ojos, permitiendo que mis pensamientos vagaran a sus anchas. Y poco a poco, sin pretenderlo, evoqué la imagen de la Mansión Kraken. En esa casa había algo que estaba mal, algo que no encajaba. Pero ¿qué?

* * *

La sensación de haber retrocedido en el tiempo se fue al cuerno por la tarde, cuando Violeta me invitó a salir con ella y con «su chico». Me inventé una excusa, aunque sabía que no iba a poder hacerlo indefinidamente y que tarde o temprano tendría que volver a encontrarme con Andrés. Pero mientras pudiera evitarlo, lo evitaría.

Después de comer, fui a mi dormitorio, me tumbé en la cama y me puse a leer. Y al poco rato me quedé dormido. No sé por qué, pero cada vez que iba a Santander dormía como un lirón. Me desperté hora y media más tarde y bajé al salón. La casa estaba vacía; Violeta ya había salido, Marga estaba con sus amigos revolucionarios y tía Adela había ido con Azucena a comprar no sé qué.

No obstante, se oía una música lejana, una canción en inglés (interpretada, como supe luego, por Bing Crosby). El sonido provenía del sótano, del taller donde solía pasar el rato tío Luis. Me dirigí allí; la puerta estaba entreabierta, pero llamé golpeando con los nudillos antes de entrar.

—¡Javier! —exclamó tío Luis al verme—. ¡Mi sobrino favorito! Adelante, pasa a mi pequeño reino.

Mi tío estaba haciendo algo en el banco de trabajo, con un soldador en una mano y una barrita de estaño en la otra. Me adentré unos pasos; el taller estaba igual que hacía cuatro años, lleno de herramientas, con las máquinas de movimiento perpetuo en los anaqueles de las paredes.

—¿Molesto? —pregunté.

—Para nada. Ya sabes que este lugar es un pasatiempo para mí, y no se me ocurre mejor forma de pasar el tiempo que charlando contigo. ¿Quieres tomar algo?

—Bueno, una Coca-Cola.

Tío Luis sacó dos refrescos de la nevera, los destapó y me entregó uno. Le di un trago.

—¿Qué estás haciendo ahora? —pregunté—. ¿Otro *perpetuum mobile*?

—No, no —respondió—; hace tiempo que no construyo más falsas máquinas de movimiento perpetuo. Ya he hecho todas las variantes posibles. —Se encogió de hombros—. Y ninguna funciona por culpa de la maldita segunda ley de la termodinámica. Como era de esperar, por otro lado. Ahora estoy haciendo otra cosa... —Titubeó—. En realidad es algo para ti.

—¿Para mí?

—Sí, para agradecerte lo que hiciste por nosotros cuando encontraste las Lágrimas de Shiva. Hace cuatro años no te regalé nada y ahora quiero compensarte de alguna manera.

—Vaya, gracias, pero no tienes que regalarme nada. Además, ya me construiste un televisor.

—Eso lo hice antes de que encontraras el collar. En serio, Javier, quiero hacerte este regalo. Aunque en realidad es una tontería, pero creo que te puede gustar. En fin, iba a ser una sorpresa, pero ya que estás aquí... —Le dio un largo trago a su bebida y comentó—: Supongo que estarás algo decepcionado con la NASA, ¿verdad?

El último alunizaje, el del Apolo 17, se había producido el pasado diciembre. Después, la agencia espacial norteamericana había anunciado que suspendían todas las misiones lunares. Ya no volveríamos a la Luna. En mayo, un cohete Saturno había puesto en órbita el primer componente de la futura estación espacial Skylab; pero era una órbita baja, a cuatrocientos kilómetros de altura. Más o menos la distancia que separa Madrid de Santander, apenas nada en comparación con viajar a otro cuerpo celeste.

—Ha sido un poco decepcionante, sí —respondí—. De todas formas, supongo que no tardarán en reiniciar los viajes espaciales. Quizá a Marte.

—Ojalá —asintió mi tío—. Pero he pensado que, entre tanto, a lo mejor te apetecería lanzar tú un cohete.

—¿Qué?

—Un cohete pequeñito, claro; de modelismo. Te estoy construyendo uno. Pero, oye, no es una maqueta; despegará y subirá al cielo, aunque me temo que no llegará a la Luna.

—¡Qué bueno! —exclamé—. ¡Me encanta!

—Hace un par de semanas construí uno comprando las piezas y armándolas. Era solo una prueba, pero alcanzó novecientos metros de altitud; lo que no está nada mal, teniendo en cuenta que utilizaba pólvora compactada como combustible, lo que genera muy poca potencia. —Se aproximó al banco de trabajo—. Estoy construyendo uno más grande, pieza por pieza. Ahora trabajo en el motor.

Sobre el banco había un tubo metálico de unos dos palmos de largo, con unas pequeñas protuberancias en la parte superior y una tobera en la inferior.

—¿Qué combustible usa? —pregunté.

—Una mezcla de perclorato de potasio, resina epoxi y óxido de hierro. Había pensado en construir un motor híbrido, con propelente sólido y oxidante líquido, pero esa clase de motores tiene menor impulso específico que...

Mi tío era ingeniero, adoraba la tecnología, y a veces se olvidaba de que la gente que le escuchaba no tenía los conocimientos necesarios para entenderle. Pero ponía tanto entusiasmo que no le interrumpí mientras me soltaba un (para mí) incomprensible discurso sobre motores de reacción.

Su monólogo concluyó al mismo tiempo que el disco. Se aproximó al equipo de sonido y me preguntó:

—¿Qué música te gusta?

—Mi grupo favorito es Pink Floyd —respondí.

—¿Pink Floyd? —repitió él con extrañeza.

—Es *rock* sinfónico —aclaré.

—Vaya, me temo que no tengo nada de *rock*. ¿Algo más melódico?

—Bueno, me gusta mucho Cat Stevens.

Mi tío chasqueó los dedos.

—De ese sí que tengo algo.

Rebuscó entre los discos, sacó uno de la funda, lo puso en el plato y colocó cuidadosamente la aguja encima. Al poco, los compases de *Moonshadow* comenzaron a sonar en los altavoces.

Oh, I'm bein' followed by a moonshadow,
moonshadow, moonshadow.
Leapin and hoppin' on a moonshadow,
moonshadow, moonshadow...

Escuchamos en silencio la canción, dando tranquilos tragos a nuestras bebidas. Cuando el tema llegó a su fin y comenzó otro, tío Luis preguntó:

—¿Qué tal has encontrado a tus primas?

—Bien, como siempre.

—¿Cómo es que no estás con Violeta?

—Pues... ella ha salido con un amigo y he preferido quedarme en casa.

—Ya, Andrés. —Me miró con curiosidad—. La gente es complicada —dijo—. Tener hijos siempre es un follón; pero si tienes cuatro hijas, entonces es como vivir en un laberinto. Por ejemplo, ¿has hablado con Azucena?

—Muy poquito. ¿Le pasa algo?

—No, no; al menos, nada malo. Pero... —Tío Luis se atusó el bigote, pensativo—. ¿Sabes cuál es tu cociente intelectual?

Asentí.

—Hice un test en el colegio: ciento veinte.

—Ah, tienes una inteligencia superior, como yo. La media está entre noventa y ciento diez. Pero ¿sabes cuál es el IQ de Azucena? Más de ciento sesenta. Es una superdotada, un genio.

—Eso es bueno, ¿no?

—Sí, claro; pero no sé cómo tratarla. A su lado me siento un chimpancé.

—Yo me siento como un chimpancé al lado de cualquier mujer.

Tío Luis se echó a reír.

—En eso tienes razón, sobrino. Venga, voy a explicarte cómo será el cohete...

Pasamos la tarde hablando de cohetes y viajes espaciales, de agujeros negros, de galaxias y nebulosas, de estrellas y cometas. Era agradable estar con tío Luis en aquel reducto que había construido en el sótano, en ese pequeño reino de máquinas imposibles y sueños tecnológicos, en ese refugio que en realidad era un micromundo de ciencia ficción.

Aquella noche, Violeta cenó con «su chico», así que llegó tarde a casa. Poco antes de la medianoche, llamó a la puerta de mi dormitorio para recordarme que al día siguiente por la mañana íbamos a ir al Club Filatélico, y por la tarde a la tienda de Abraham Bárcena. Eso fue todo lo que hablamos.

Siempre había recordado con cariño mi relación con Violeta. Era algo muy íntimo, muy bonito, muy valioso, al menos para mí. Sin embargo, ahora, al reencontrarnos, la «sentía» como si fuera una extraña. No era la Violeta que yo recordaba; se parecía, pero no era igual. Supongo que ella sentía algo similar hacia mí. A ciertas edades, cuatro años son una eternidad, y ahora un muro de tiempo se alzaba entre nosotros.

«¿Dónde estarán los pétalos de las rosas de ayer?», me pregunté, recordando un poema que leí en cierta ocasión.

¿Qué fue de aquellos sueños?

* * *

Al día siguiente, a media mañana, Violeta y yo fuimos al Club Filatélico Cántabro, entidad de la que era miembro Melquiades Salazar. Estaba en una calle del centro, ocupando un amplio local compuesto por una cafetería, un salón y una sala de exposiciones. Violeta había quedado allí con Álvaro Fernández, el presidente del club, un amable sesentón grueso y calvo.

—Conocía a Melquiades desde hace muchos años —nos dijo—. Lamenté profundamente su pérdida.

Estábamos en el café, sentados en torno a un velador sobre el que descansaban unas tazas.

—El señor Salazar solía venir aquí todos los miércoles, ¿no? —dijo Violeta.

—No faltaba ni uno —asintió Fernández—. Pero venía por las tardes, cuando el club está más animado. Además, los miércoles mantenía una tertulia en la que yo mismo participaba.

—¿Se llevaba bien con los demás miembros?

—Claro que sí; era el socio más veterano y muy popular. Melquiades siempre fue un hombre abierto y afable, además de un filatélico de primera.

—¿Su colección de sellos era grande? —pregunté.

—Era una excelente colección —respondió—. Melquiades se había especializado en sellos americanos y tenía auténticas joyas. Por ejemplo, el Benjamin Franklin de un centavo de 1851, o el Abraham Lincoln de quince centavos de 1867 o el Rivadavia azul sin dentar de 1864. Una colección extraordinaria, ya os digo.

—¿Y era valiosa? —preguntó Violeta.

—Mucho. Tan solo el Benjamin Franklin ya vale una fortuna.

—Entiendo —dije—, pero yo me refería al tamaño físico. ¿Su colección ocupaba mucho espacio?

Fernández hizo un gesto vago.

—Nunca la vi completa —respondió—; pero hará cosa de quince años, Melquiades la expuso aquí, en el club. No entera, sino una selección de lo más notable, y si mal no recuerdo, constaba de unos cincuenta álbumes.

Tras unos minutos más de charla, nos despedimos del presidente del club, salimos a la calle y nos detuvimos en la acera.

—Esto no ha valido para nada —dijo Violeta de mal humor.

—No creas. Al menos ahora tenemos una idea del tamaño de la colección.

—¿Y eso qué importa? —replicó ella—. Ya sabíamos que los sellos también han desaparecido.

—Sí, pero ahora sabemos que eran por lo menos cincuenta álbumes.

—¿Y qué?

—Pues que, vale, han desaparecido; pero ¿dónde estaban? En la casa no hay ninguna estantería en la que puedan guardarse cincuenta álbumes. El único lugar sería la biblioteca y está tan atestada de libros que no cabrían ni la mitad. ¿Dónde tenía Melquiades su colección?

Nos quedamos en silencio durante unos segundos. Finalmente, Violeta se encogió de hombros y dijo:

—Anda, volvamos a casa. He quedado esta tarde con Elena a las cinco y media para ir a la tienda de Bárcena.

Echamos a andar; mientras nos dirigíamos a la parada del autobús, pensé que aquel asunto era cada vez más extraño. Lo que no podía imaginar es que esa tarde escucharía una historia que, en adelante, me causaría más de una pesadilla.

* * *

El Cormorán, la tienda de artículos marinos de Abraham Bárcena, apenas había cambiado desde la última vez que la vi cuatro años atrás. La puerta hizo sonar una campanita cuando entramos en el establecimiento, que olía a brea, salitre y tabaco de pipa. Bárcena, con su habitual vestimenta de capitán, estaba tras el mostrador, atendiendo a una pareja de clientes. Al vernos, nos hizo una seña indicándonos que aguardáramos.

—Qué sitio tan raro —comentó Elena por lo bajo.

Lo era. El local estaba atestado de toda suerte de objetos relacionados con el mar, desde cañas de pescar hasta bitácoras, pasando por maquetas de veleros, relojes náuticos, navíos en botellas, un telégrafo de órdenes, un par de timones de madera, cronómetros, boyas, anclas, lámparas de barco, cuadros de nudos, campanas, plomadas, teodolitos... En un rincón colgaba el viejo traje de buzo que recordaba de mi última visita allí.

Unos minutos más tarde, Bárcena acompañó a los

clientes a la salida, le echó el pestillo a la puerta, puso el cartel de cerrado y se volvió hacia nosotros con una gran sonrisa.

—¡Capitana Obregón! —exclamó—. ¡Bienvenida a bordo! —Se acercó a mí y me estrechó efusivamente la mano—. ¿Eres el grumete Javier? ¡Por Neptuno, cómo has crecido! ¡Estás hecho un marino de pelo en pecho!

Bárcena se quedó mirando a Elena con una ceja alzada.

—Tú, sin duda, eres una sirena —dijo—. Por todas las tormentas del Caribe, ¿cuántos naufragios has provocado, muchacha?

Abraham Bárcena tampoco había cambiado mucho; tenía la barba más cana, pero seguía hablando como un marino de cómic, como Corto Maltés o el capitán Haddock. Elena se echó a reír.

—Me llamo Elena Mistral —dijo, dándole un par de besos.

—Encantado de conocerte. —Bárcena se acarició la mejilla donde había recibido el último beso—. Eres la descendiente más joven de la familia Salazar, ¿no?

—Mi tatara-tatarabuela por la rama paterna era Antonia Salazar —asintió ella.

—¿Ha llegado tu amigo? —le preguntó Violeta a Bárcena.

—Hace rato. Está ahí atrás, esperándonos. Seguidme.

Nos dirigimos a la trastienda, que estaba tan llena de bártulos como siempre. Allí, sentado en una silla, un hombre leía tranquilamente un libro. Tendría unos cincuenta años, era bajito, delgado, con el pelo moreno, el rostro afilado y la mirada intensa. Vestía un traje negro con chaleco y corbata de lazo que, en pleno verano, daba calor con solo verlo.

—Os presento a Dámaso Reverte —dijo Bárcena—. Es el subdirector del Museo de Prehistoria y Arqueología de Santander, y una de las personas que mejor conoce la historia de la ciudad.

El hombre, muy serio, se levantó y nos estrechó las manos. Luego, mientras nos sentábamos —o desocupábamos los asientos que estaban llenos de trastos para poder sentarnos—, Bárcena prosiguió:

—Cuando Violeta me preguntó por los Salazar, solo pude contarle unas cuantas generalidades, rumores, habladurías. Así que le pedí a mi amigo Dámaso que nos ayudara, porque es un erudito que lo sabe todo sobre Santander.

Bárcena se sentó en una silla y le cedió la palabra a su amigo con un gesto. Reverte carraspeó y dijo:

—El bueno de Abraham exagera; evidentemente, no lo sé todo, aunque sí un poquito. Espero poder ayudarles.

Reverte tenía una grave y profunda voz de barítono que contrastaba con su frágil apariencia física. Era como si su voz y su cuerpo fueran entidades distintas.

—Ante todo —prosiguió el historiador—, me gustaría hacer una advertencia. —Se volvió hacia Elena—. Lo que voy a contar sobre sus antepasados, señorita Mistral, no es agradable y me temo que pueda incomodarla.

Elena le dedicó una de sus deslumbrantes sonrisas.

—No se preocupe por mí —dijo—. Siga, por favor.

Reverte asintió con un cabeceo y, tras carraspear, comenzó su relato:

—Para comprender la historia de la familia Salazar, debemos retrotraernos a la segunda mitad del siglo XVIII y centrarnos en la figura de Zacarías Salazar, el hombre que inició la fortuna familiar. —Hizo una pausa y agregó—: Una fortuna forjada mediante el tráfico de esclavos a ultramar.

* * *

Tras un largo silencio, Reverte prosiguió su relato.

—Antes de hablar de los Salazar, deberíamos aclarar en qué consistía el tráfico de esclavos. Por lo general, se cree que grupos armados de occidentales se internaban en África y capturaban nativos. Pero no era así; los occidentales no se atrevían a adentrarse demasiado en el continente negro a causa del peligro que suponían las tribus guerreras, las fieras o las enfermedades. En realidad, los que se ocupaban de conseguir la «mercancía» solían ser mercaderes árabes. Ellos visitaban a los caciques locales y les compraban los esclavos que habían obtenido en sus luchas con tribus rivales. Luego, los conducían a los mercados de las costas este y oeste de África para revenderlos. En el caso que nos ocupa, nos fijaremos solo en la costa occidental. La mayoría de los mercados de esclavos se encontraban en Ghana, en el Golfo de Guinea; tanto es así que a esa zona la llamaban «Costa de los

Esclavos». Los principales mercados eran Elmina, Cape Coast y Ussher Fort; en cada uno de ellos se vendían anualmente unos treinta mil seres humanos. —Hizo una pausa y prosiguió—: A esos lugares llegaban barcos negreros de todo occidente. Los navíos incluían médicos en la tripulación, para asegurarse de que los esclavos que iban a comprar estuviesen en buen estado de salud. Cada expedición cargaba entre trescientos y cuatrocientos cautivos, que hacían el trayecto encadenados en bodegas abarrotadas. El viaje a América duraba entre tres y cuatro semanas; dadas las pésimas condiciones de vida de los esclavos, el hacinamiento y la deficiente alimentación, muchos sucumbían antes de llegar al destino. La media de fallecimientos era del doce y medio por ciento; es decir, en cada viaje morían unos cincuenta esclavos, cuyos cuerpos eran arrojados por la borda. Así era el tráfico de seres humanos.

Reverte hizo una larga pausa; el silencio en la trastienda era tan denso que podía cortarse a rebanadas. El historiador carraspeó de nuevo y retomó la palabra:

—Zacarías Salazar nació en 1745. Al parecer, era un pequeño terrateniente natural de Escobedo, un pueblo cercano a Santander. En 1775, un grupo de inversores cántabros estaba reuniendo dinero para fletar un navío negrero, comprar un cargamento de esclavos en Ghana y revenderlo en Sudamérica. Le ofrecieron a Zacarías participar en el negocio y él aceptó. La operación fue un éxito y, a partir de entonces, Zacarías siguió invirtiendo su dinero en el tráfico de esclavos. Y ganó una fortuna, lo que le permitió construir lo que hoy es la Mansión Kraken, aunque entonces todavía no tenía nombre. Tras la muerte de Zacarías en 1826, le sucedió en el negocio esclavista su único hijo, Aníbal Salazar. Cuando tomó las riendas de la empresa, Aníbal se dio cuenta de que al tener que contratar barcos y tripulaciones para su actividad, se perdía gran parte de los beneficios, de modo que decidió comprar su propio barco, el Kraken.

—Se llamaba como la casa —dijo Elena.

—En efecto, señorita; la mansión familiar se llama así por el barco. En 1807, Inglaterra había firmado el Acta para la Abolición del Comercio de Esclavos. En base a esa ley, la Marina británica perseguía a todos los navíos negreros, acusándolos de piratería. Así pues, Aníbal adquirió un clíper, el Kraken, porque era la clase de velero más rápida que existía entonces y podía burlar el acoso de los buques de guerra ingleses. Gracias a ese barco, la fortuna de los Salazar se incrementó exponencialmente. Más tarde, cuando Aníbal remodeló la casa para darle su actual apariencia, la llamó como el barco que tan rico le había hecho. Pero Aníbal Salazar, aparte de emprendedor, era un hombre muy... particular. Lo llamaban «La Bestia».

Reverte bajó la mirada y respiró profundamente.

—¿Por qué «La Bestia»? —pregunté.

—Porque... —El historiador titubeó—. No es agradable, pero en fin... Al contrario que su padre, que jamás pisó África ni América y probablemente nunca vio a un esclavo, Aníbal Salazar participaba personalmente en los viajes del Kraken. Él compraba los esclavos y él los llevaba a América. Por entonces, había dos formas de transportar cautivos. Por un lado, lo que se llamaba el «embalaje suelto», que consistía en llevar menos esclavos por buque, con la esperanza de que llegara con vida la mayor parte de ellos. Por otro lado, estaba el «embalaje apretado»; es decir, llevar todos los esclavos posibles, porque aunque se produjeran más muertes, al final la ganancia sería mayor. Aníbal siempre fue partidario del «embalaje apretado»; sus barcos iban atestados y en ellos el número de muertes se duplicaba. Pero no solo era eso. Cuando un esclavo se rebelaba, o no obedecía, el castigo era una tanda de latigazos. Aníbal se ocupaba personalmente de los castigos, y ponía tanto entusiasmo que solía matar a sus víctimas. A veces, para que un esclavo fuera castigado, bastaba con que se atreviera a mirarle a los ojos. Cuentan que, durante la travesía, Aníbal ordenaba que por las noches le subieran esclavas al camarote para satisfacer sus bajos instintos, y que si alguna mujer se resistía, la degollaba. En cierta ocasión los perseguía un navío británico, otro clíper, y como el Kraken iba muy cargado, corrían el peligro de ser abordados. Así que Aníbal mandó arrojar toda la «carga» por la borda; más de cuatrocientos hombres y mujeres murieron ahogados. Por eso le llamaban «La Bestia».

—Menudo tipo... —murmuró Violeta.

—Aníbal Salazar fue un hombre perverso y cruel. Incluso los demás negreros desaprobaban su comportamiento.

—¿Y qué pasó después? —pregunté.

—Aníbal murió en 1854 —respondió el historiador—. Su hijo Germán le sucedió al frente del negocio familiar, aunque no se implicaba tanto como su padre. De hecho, nunca embarcó en ninguno de sus navíos. Germán estaba casado con Magdalena Ortiz, una devota cristiana que intentaba convencer a su marido de que abandonara la trata de esclavos. Y con cierto éxito, porque la compañía redujo sensiblemente su actividad durante los siguientes años. Finalmente, Germán falleció en 1862 a la temprana edad de cincuenta y un años. Su viuda, Magdalena, se quedó a cargo de sus dos hijos: Isaías, de once años, y Antonia, de ocho. También heredó la compañía, y lo primero que hizo fue vender el Kraken y sus otros dos navíos, así como deshacer la empresa. A partir de ahí dedicó su vida a intentar limpiar la mancha que el esclavismo había dejado en su familia. Tiempo después, Antonia se casó con el terrateniente Carlos Mistral, iniciando la rama genealógica de la señorita Elena, e Isaías Salazar contrajo matrimonio con Regina Cuervo. De esta unión, en 1882, nació Melquiades, el último de la estirpe Salazar. —Suspiró—. Creo que eso es todo lo que puedo contarles acerca de esa familia.

—¿No nos puede decir algo más sobre Melquiades Salazar? —preguntó Violeta.

—La verdad es que le conocí y tuve cierto trato con él, aunque no puede decirse que fuéramos amigos —respondió Reverte—. Era un caballero extremadamente culto que llevaba una vida tranquila. Vivía de las rentas que le producían sus tierras y, que yo sepa, nunca participó de ningún negocio ni intervino en la vida pública. Siempre lo tuve por un hombre discreto y cabal.

—Todo lo contrario que su bisabuelo Aníbal —comenté.

—En efecto. Don Melquiades era una bellísima persona.

—Disculpe —dijo Violeta—; ¿sabe si hay alguna historia de fantasmas relacionada con la Mansión Kraken? Una leyenda o algo así...

—¿Fantasmas? —El historiador negó con la cabeza—. Nunca he oído nada de eso. Aunque es normal que, tratándose de una edificación tan antigua, surjan rumores de esa clase.

Y ahí se acabó la charla. Tras agradecerles la ayuda que nos habían prestado, nos despedimos de Bárcena y de Reverte y salimos a la calle. Nos detuvimos en la acera, frente a la dársena de Puerto Chico; consulté el reloj: eran las siete y media pasadas.

—Vaya historia la de esa familia —comentó Violeta.

—A mí me ha puesto mal cuerpo —dijo Elena—. Mis antepasados eran horribles.

—Al menos eres de otra rama familiar —apunté.

—Ya, pero ese tal Aníbal era un monstruo. De peli de miedo, te lo juro. —De pronto, Elena torció el gesto y exclamó—: ¡Ahí está otra vez!

—¿Quién?

—Mariano, mi ex. Ya se ha ido, pero no para de seguirme. Es insoportable.

—¿Por qué no se lo dices? —preguntó Violeta.

—Ya se lo he dicho, y no me hace ni caso. Creo que se ha vuelto loco. —Sacudió la cabeza—. Lo siento, chicos, no estoy de humor. Me voy a casa.

—Yo he quedado con Andrés —dijo Violeta—. ¿Te apuntas, Javier?

—No, también me voy a casa.

—Vale —repuso Elena, echando a andar—. Os llevo en el coche.

* * *

Aquella noche Violeta volvió a llegar tarde. Después de cenar estuve un rato charlando con mis tíos, con Marga y con Azucena, y a eso de las once me retiré a mi dormitorio para intentar leer un rato, pero la historia que nos había contado Reverte no dejaba de dar vueltas en mi cabeza, impidiendo que me concentrara en la novela. Estaba tumbado en la cama, aún vestido; dejé el libro sobre la mesilla y entrecrucé los dedos de las manos bajo la cabeza. No solo era la historia de los Salazar lo que me distraía, sino también la Mansión Kraken. Algo era incorrecto en esa casa... Me levanté, cogí las fotos de la mansión, me senté en el borde de la cama y comencé a revisar de nuevo las imágenes.

A las doce menos cuarto, oí el ruido de la puerta principal al abrirse y cerrarse, y el sonido de unos pasos remontando la escalera. Al poco, sonaron unos golpes en la puerta. Era Violeta.

—¿Qué haces? —preguntó, asomando la cabeza por el umbral.

—Nada, pasa.

Entró en el dormitorio, se sentó a mi lado y señaló las fotos que sostenía en mis manos.

—¿Y eso? —preguntó.

Me encogí de hombros.

—Es que... No sé, tengo la sensación de que hay algo raro en la casa.

—¿El qué?

—Pues... —Dejé escapar un suspiro y tiré las fotos sobre la cama—. Da igual, será mi imaginación. ¿Qué querías?

—Nada. Comentar la historia de los Salazar. ¿Qué te ha parecido?

—Pues qué me va a parecer: horrible. Supongo que a eso te referías cuando me dijiste que la Mansión Kraken estaba edificada sobre sangre inocente.

—Sí, sobre la sangre y las vidas de miles de esclavos africanos. —Violeta hizo una pausa y prosiguió, pensativa—: Le he dado vueltas y creo que el fantasma de la mansión podría ser el espíritu de Aníbal Salazar.

—¿Y eso por qué?

—¿Recuerdas lo que nos contó Luisa Lafuente, la guardesa? Dijo que su marido y ella habían visto a un «ser monstruoso» en la casa. Bueno, pues creo que poca gente ha habido más monstruosa que Aníbal Salazar.

Sonreí. Violeta seguía teniendo mucha imaginación.

—Puede ser —dije—; pero de momento no hemos visto ningún fantasma. Además, ya sabemos que, si hay un espíritu, desde luego no es el de Melquiades. Así que de poco nos va a servir ese fantasma para encontrar los documentos desaparecidos.

—En eso tienes razón —dijo mi prima, incorporándose—. Me voy a dormir, Javier. Buenas noches.

Violeta salió de la habitación y yo cogí de nuevo las fotos de la mansión. ¿Qué estaba mal en esa casa? Todo parecía correcto, pero yo no podía quitarme de la cabeza que algo no cuadraba. Contemplé una vez más la foto de la fachada principal. Luego la del lado este. Pasé a la del oeste. Cogí la de la parte trasera y... di rápidamente marcha atrás para observar de nuevo la imagen de la fachada orientada al oeste. Contuve el aliento.

Y me incorporé bruscamente al mismo tiempo que ahoga un grito.

Ahí lo tenía, delante de mis ojos en esa fotografía. Por fin sabía lo que estaba mal en la Mansión Kraken.

7. *El manuscrito escondido*

Salí de mi cuarto a toda prisa, me dirigí al dormitorio de Violeta y entré en él enarbolando la fotografía.

—¡Ya lo tengo...! —exclamé.

Y enmudecí al instante. Violeta estaba de pie frente a mí, en braguitas y sujetador.

—¡¿Pero qué haces?! —gritó.

Me di la vuelta, rojo como un tomate.

—Perdón, lo siento, lo siento, lo siento —me disculpé—. He descubierto algo y quería contártelo. Vístete, por favor.

Mi prima murmuró algo por lo bajo. Al poco, dijo:

—Ya puedes mirar.

Giré sobre mí mismo y comprobé que se había puesto un pijama.

—¿No te han enseñado a llamar a la puerta? —preguntó con el ceño fruncido.

—Disculpa, me he dejado llevar por la emoción. He descubierto algo importante; ya sé lo que está mal en la casa.

—¿El qué?

Me aproximé a ella y le enseñé la foto.

—Mira, esta es la fachada oeste —dije—. La primera planta, la segunda planta... Ahora fíjate en el altillo, donde está el trastero. Hay una, dos, tres ventanas redondas, ¿lo ves?

—Claro, ¿y qué?

—Haz memoria, recuerda cuando estuvimos en el trastero. ¿Cuántas ventanas viste?

Violeta reflexionó durante unos segundos. Poco a poco, sus ojos se fueron entrecerrando.

—Dos... —murmuró.

—Exacto, falta una ventana. —Señalé la foto—. Y eso quiere decir que, detrás de la ventana de la izquierda, tiene que haber una habitación oculta.

—Una habitación oculta... —repitió ella, pensativa—. Tenemos que volver a la mansión.

Asentí.

—Hay que hablar con Elena —dije.

—Es tarde para telefonearla —replicó ella.

—Pues la llamamos mañana por la mañana.

Violeta negó con la cabeza.

—Se despierta tarde, y si hay una habitación secreta en la mansión, quiero saber cuanto antes lo que hay dentro. Tú tienes las llaves, ¿no? Pues vamos allí a primera hora y luego se lo contamos a Elena.

La miré con desconfianza.

—¿Qué entiendes por «primera hora»? —pregunté.

—A las ocho de la mañana listos para salir.

Torcí el gesto.

—Oye, no me jorobes, que estoy de vacaciones.

—A las nueve —accedió ella.

—Pero...

—No seas vago, Javier. Vamos a ir andando, así que tardaremos un rato. A las nueve en punto en estado de revista. Ahora vete a la cama, que es tarde.

Así era mi prima, tan mandona como siempre. Regresé a mi cuarto y me acosté, pero tardé mucho en dormirme. ¿Una habitación oculta? ¿Por qué y para qué?

* * *

A las nueve en punto de la mañana, Violeta y yo salimos de Villa Candelaria, nos dirigimos a la Avenida Castañeda y pusimos rumbo al noroeste dejando las playas a nuestra derecha. Al llegar a la altura del Hotel Chiqui, nos desviamos por la carretera del faro en dirección al norte.

Caminábamos en silencio; yo porque estaba muerto de sueño, y Violeta porque parecía absorta en sus pensamientos. Supongo que no podía dejar de darle vueltas a la misteriosa habitación oculta. Alcé la vista al cielo; había amanecido nublado, pero se estaba despejando. Mejor. La mansión ya era suficientemente siniestra, no necesitaba una tormenta para poner los pelos de punta.

Tardamos poco más de media hora en llegar. Abrí la verja y recorrimos el sendero que conducía a la puerta principal. La Mansión Kraken se alzaba sobre nosotros oscura y ominosa. Subimos la escalinata de la entrada y saqué la llave para abrir, pero Violeta me contuvo sujetándome el brazo.

—Espera —dijo—. ¿Qué vamos a hacer?
—Subir al trastero —respondí.

—Vale —asintió.

Pero no me soltó el brazo.

—¿Estás nerviosa? —pregunté.

—No. —Cerró los ojos—. Sí. Es que antes creía que aquí rondaba el fantasma de un ancianito adorable, pero ahora resulta que puede ser el fantasma de un sádico asesino...

—No hemos visto ningún fantasma —dije, procurando tranquilizarla—. Solo es una casa vieja, Violeta.

Mi prima respiró hondo y me liberó el brazo.

—Adelante —dijo.

Introduje la llave en la cerradura y abrí la puerta. Subimos a la segunda planta y luego a la terraza. La entrada del trastero estaba más o menos a la mitad de su longitud. La abrí y miré alternativamente hacia el interior y hacia el exterior.

—Es más largo por fuera que por dentro —dije—. Unos tres metros o así.

Entramos en el desván. Contemplé las dos ventanas redondas y, tras calcular la distancia que las separaba, señalé la pared de la derecha y dije:

—La tercera ventana tiene que estar detrás de ese muro.

Había un par de somieres y dos cabeceros de madera apoyados contra la pared. Nos acercamos y empezamos a apartarlos; en cuanto movimos uno de los cabeceros, quedó al descubierto lo que había detrás: una puerta. Pero una puerta tapiada con ladrillos. Nos quedamos mirándola, desconcertados.

—¿Y eso? —murmuró Violeta—. ¿Cuánto espacio crees que hay detrás?

—No sé... Unos diez metros cuadrados o así.

—¿Y por qué han desperdiciado toda esa superficie cegando la puerta?

—Ni idea.

—A lo mejor están ahí los documentos.

—¿Encerrados a cal y canto, sin poder acceder a ellos? No le veo el sentido.

Hubo un silencio.

—¿Has leído *El barril de amontillado*, de Poe? —preguntó ella sin apartar la vista de la puerta tapiada.

—¿Ese cuento en el que un tío que quiere vengarse de otro le invita a probar un vino de su bodega, lo emborracha, lo encadena a un hueco del muro y lo empareda vivo? Ya veo por dónde vas, Violeta. —Suspiré—. No hay ningún cadáver ahí detrás.

Mi prima me miró con el ceño fruncido.

—¿Y tú qué sabes? —dijo—. ¿Ahora tienes visión de rayos X, como Superman? Si hubiera un cuerpo, explicaría lo del fantasma.

Respiré hondo, contuve el aliento y lo exhalé lentamente.

—Mira, Violeta —dije en tono calmado—, si empezamos dando por hecho que hay cadáveres, fantasmas y monstruos, ¿cómo vamos a acabar? ¿Con brujas y dragones? ¿Por qué no buscamos explicaciones más normalitas?

—¿Por ejemplo? —preguntó mi prima, retadora.

—Puede que tras ese muro haya trastos feos que no querían ni ver. O quizá el suelo está estropeado y corre peligro de derrumbe si alguien lo pisa. Yo qué sé. A lo mejor alguien decidió matar el tiempo poniendo ladrillos, y detrás no hay nada.

—¿Y a ti eso te parece lógico? —replicó con escepticismo.

No, no me lo parecía. Me quedé mirando los ladrillos que cegaban la puerta. ¿Quién los había puesto? ¿Y por qué? De pronto, se me ocurrió algo.

—¿Qué hay debajo? —pregunté.

—¿Qué?

—¿Qué hay en la planta de abajo, justo en la vertical de sea lo que sea que haya tras esa puerta?

Violeta meditó unos instantes.

—Uno de los dormitorios —respondió.

—El cuarto azul.

—Creo que sí.

Intercambiamos una mirada y, sin decir nada, salimos del trastero, bajamos a la segunda planta y nos dirigimos a la habitación pintada de azul. Al llegar, examiné el techo con atención, pero no vi nada. Entonces me acerqué al armario empotrado, lo abrí y alcé la mirada. Y ahí estaba, en la parte superior.

Una trampilla.

***

Violeta y yo nos quedamos mirando el techo del armario en silencio.

—Por ahí se va a la habitación oculta —dijo ella.

—Sí.

—¿Qué hacemos?

—Pues qué vamos a hacer: subir y echar un vistazo.

—Necesitaremos una escalera.

Tendí una mano y comprobé la firmeza de las baldas; parecían consistentes.

—Yo creo que apoyándonos en los estantes se puede subir —dije—. Es como una escalera.

Sin esperar su aprobación, puse un pie en una de las baldas de abajo, me agarré a las más altas y comencé a trepar.

—Cuidado, no vayas a caerte —dijo Violeta.

Llegué a la parte superior y apoyé la mano en la trampilla. Antes de abrirla, titubeé un instante. ¿Y si mi prima tenía razón y había un cadáver? Bueno, los muertos no pueden hacerte nada, me dije, y empujé con la mano. La trampilla giró sobre sus bisagras emitiendo un chirrido de óxido. Poco a poco, con precaución, asomé la cabeza por el hueco.

Era un cubículo reducido y prácticamente vacío. Desde donde estaba solo podía ver un pequeño escritorio de madera y una silla. Terminé de subir y me puse en pie. Sobre el escritorio descansaba una vieja máquina de escribir con un folio insertado en el rodillo, una pila de papeles al lado y una lámpara de queroseno.

—¿Qué ves? —preguntó Violeta desde abajo.

—Un esqueleto. Pregunta por ti.

—Idiota.

—Venga, sube; no hay peligro.

Violeta trepó por las baldas; cuando llegó arriba, la ayudé a remontar el último tramo. Paseó la mirada por el habitáculo y murmuró:

—¿Qué es esto?...

Nos acercamos al escritorio. Era muy sencillo, con solo dos cajones. Los abrimos: en el de arriba había varios lápices, una goma de borrar, una estilográfica Montblanc y un tintero. En el de abajo, solo un montón de folios en blanco. La máquina de escribir era Underwood, muy antigua, igual que la lámpara.

Violeta y yo nos inclinamos a la vez para examinar la pila de folios. Había una veintena, todos amarillentos por la humedad y mecanografiados a dos espacios. Encabezando el primero, aparecía un título escrito con mayúsculas:

LA SECTA DEL CÍRCULO ESCARLATA

Y debajo:

INFORME SOBRE LAS ACTIVIDADES
SECRETAS DE LOS ADORADORES
DE VOOR SYTARIS EN SANTANDER,
SEGÚN EL TESTIMONIO DEL PROFESOR
HOWARD SCOTT CORRIGAN

Mi prima y yo nos miramos con perplejidad.

—¿Quién ha escrito esto?... —musitó ella.

Hojeé la pila de papeles; parecía un diario, o algo así. El folio que estaba insertado en la máquina de escribir era la continuación de los otros. Lo saqué del rodillo con cuidado de no romperlo.

Y entonces resonaron tres golpes consecutivos. Procedían de algún lugar del interior de la casa y eran ensordecedores. Violeta y yo dimos un brinco y nos miramos asustados. Tragué saliva.

—Serán las tuberías... —murmuré con escasa convicción.

Pero ninguna tubería podía sonar así ni tan fuerte. Hubo un tétrico silencio. Y los tres golpes volvieron a restallar como tres mazazos, igual que un martillo pilón golpeando una estructura de metal. Al mismo tiempo, la temperatura del habitáculo descendió bruscamente; tanto que nuestro aliento comenzó a condensarse en forma de vaho. Y un nauseabundo olor a cloaca, a putrefacción, nos invadió.

Pálida, Violeta se abrazó a sí misma.

—Vámonos —murmuró.

Asentí. Tenía el vello erizado y una sucesión de escalofríos me recorría la espalda (y no por el frío). Cogí los papeles y bajamos con cuidado del habitáculo. Al llegar a la segunda planta, la temperatura volvió a ser normal y el olor asqueroso se esfumó. No volvieron a sonar los golpes. No obstante, el corazón me palpitaba como un motor pasado de vueltas mientras bajábamos la escalera y salíamos de la casa. Al llegar al jardín, nos detuvimos.

—¿Qué hacemos? —Alcé los papeles que llevaba en la mano—. ¿Lo leemos?

Violeta miró con aprensión al edificio y negó con la cabeza.

—Aquí no —dijo—. En casa.

Echamos a andar por el sendero hacia la salida. Mientras caminábamos, me cuidé muy mucho de no volver la mirada atrás, porque si hubiera vuelto a ver un rostro detrás de una de las ventanas de la Mansión Kraken, estoy seguro de que me habría muerto del susto.

* * *

Nada más llegar a Villa Candelaria, nos encerramos en el cuarto de Violeta, pusimos los papeles sobre el escritorio de Beatriz Obregón y nos sentamos uno al lado del otro. Antes de leerlos, mi prima me miró muy seria y preguntó:

—¿Ya crees que hay un fantasma en esa casa?

¿Qué podía contestarle? No quería creerlo, pero...

—No sé, pero desde luego pasan cosas raras allí —dije, sin acabar de comprometerme.

Sobrevino un silencio. Al cabo de unos segundos, como si nos hubiéramos puesto de acuerdo, inclinamos simultáneamente las cabezas y comenzamos a leer.

8. La secta del Círculo Escarlata

Informe sobre las actividades secretas de los adoradores de Voor Sytaris en Santander, según el testimonio del profesor Howard Scott Corrigan.

Los extraños y terribles sucesos acaecidos en el otoño de 1921 en la ciudad de Santander, de los que la prensa no se hizo eco y, por tanto, jamás salieron a la luz pública, estuvieron precedidos por la llegada de una carta remitida a mi domicilio por mi buen amigo el profesor Ernesto Poncela Solís, responsable del departamento de Historia de la Universidad Complutense de Madrid. En su misiva, que llegó a mis manos a mediados de julio del mismo año, Poncela solicitaba mi ayuda para un colega suyo, Mr. Howard Scott Corrigan, profesor de Historia Antigua en la Universidad de Miskatonic (Massachusetts). Al parecer, Mr. Corrigan estaba realizando una investigación sobre antiguas religiones paganas y, para el avance de su labor, necesitaba consultar la biblioteca familiar de la Mansión Kraken, mi hogar.

Reconozco que me extrañó tan insólita solicitud, pues nunca antes un erudito se había interesado por mi biblioteca; pero siempre me he regido por las inquebrantables leyes de la cortesía, de modo que escribí a Poncela ofreciendo mi entera colaboración para con su colega. Mes y medio más tarde recibí un cablegrama del profesor Corrigan, agradeciendo mi ayuda y anunciándome que llegaría al puerto de Santander el martes seis de septiembre, a bordo del vapor Black Star.

Llegado ese día, me dirigí al puerto para recibir a mi insigne invitado, ignorando que tal encuentro sería el inicio de un inquietante misterio que, muy pronto, acabaría convirtiéndose en pesadilla. En estas páginas me propongo relatar con la máxima objetividad posible los acontecimientos que condujeron a la revelación de un pavoroso secreto y a la perpetración de horribles crímenes. Aunque sé que este relato jamás será leído por nadie, considero importante dejar constancia de unos hechos que ponen en entredicho la razón y pueden angustiar incluso al corazón más valiente.

M. S. C.

6 y 7 de septiembre de 1921
El profesor Howard S. Corrigan era un caballero de mediana edad, alto, con gafas, barba bien perfilada y la piel morena a causa del trabajo al aire libre que le exigían las excavaciones arqueológicas. Tenía ese carácter entusiasta y extrovertido que suele caracterizar a los norteamericanos, pero al tiempo estaba dotado de una gran cultura y una mente reflexiva. Hablaba un excelente español, aunque con mucho acento, y pese a que me ofrecí a emplear la lengua de Shakespeare, pues la domino, Corrigan insistió en que utilizáramos el idioma de Cervantes.

Tras recibirle en la aduana del puerto, le conduje en mi automóvil al Hotel Real, donde estaba hospedado. Dado lo tardío de la hora, casi las siete de la tarde, convenimos en encontrarnos al día siguiente en mi domicilio para que, en el curso de una amistosa cena, me expusiera las razones de su interés por mi biblioteca. Nos estrechamos las manos y mientras él se quedaba en el hotel descansando de su largo viaje, yo regresé a la Mansión Kraken.

Al día siguiente, a las ocho de la tarde, tal y como habíamos convenido, el profesor Corrigan se presentó puntual en mi hogar, portando un grueso maletín de piel. Lo primero que hice fue enseñarle la biblioteca, aunque dada la gran cantidad de volúmenes que contiene, mi invitado se conformó con echarle un rápido vistazo, preludio de lo que más adelante sería un examen en profundidad.

A continuación, pasamos al comedor, donde dimos cuenta de la cena que nos había preparado mi cocinera, al mismo tiempo que charlábamos de diversos temas, aunque sin entrar en el propósito de aquella reunión. Tras los postres, nos dirigimos a la sala de música y tomamos asiento en sendas butacas. El ama de llaves nos sirvió el café y el brandy y se retiró, dejándonos solos. El profesor Corrigan se aclaró entonces la voz con un carraspeo y tomó la palabra:

«Antes de explicarle lo que busco en su biblioteca, es necesario comenzar por el principio de la historia. Hace quince años participé en una excavación en Creta dirigida por el arqueólogo Arthur Evans. Habían descubierto y desenterrado recientemente las

ruinas del palacio de Cnosos, y mi equipo se ocupaba de explorar las zonas colindantes. Por pura casualidad, gracias a un corrimiento de tierras, salió a la luz una estructura de piedra situada en un estrato mucho más antiguo que el palacio. Se trataba de los cimientos de una pequeña construcción de origen desconocido, y en ella encontramos los fragmentos de una vasija de cerámica cocida. Afortunadamente pudimos reconstruirla».

Abrió el maletín, sacó de su interior un papel y me lo entregó. Era el dibujo de una vasija ovoidal adornada con un círculo rojo bordeado de negro y, debajo, una línea de signos extraños.

«Como puede comprobar —prosiguió el historiador— los signos que hay bajo el círculo parecen un lenguaje escrito, aunque no coincide con ninguno que conozcamos. El problema, amigo mío, es que el estrato donde se encontró corresponde, más o menos, al once mil quinientos antes de Cristo. Es decir, que esa cerámica tiene casi catorce mil años de antigüedad. Y, por aquel entonces, en el Paleolítico, aún faltaban ocho mil años para que se inventase la escritura. Así que Evans decidió, y yo estuve de acuerdo, que esos signos eran meros adornos».

El profesor Corrigan hizo una pausa para darle un largo sorbo a su café. Yo me mantuve en silencio, intrigado, pues no entendía qué tenía que ver lo que me estaba contando con mi biblioteca.

«Bien, avancemos ahora tres años en el tiempo», dijo Corrigan. *«En 1909 me encontraba en Egipto dirigiendo una excavación en el Valle de los Reyes.*

Habíamos desenterrado un pequeño templete de la décima octava dinastía dedicado a Anubis, el dios de la muerte, y al examinar las pinturas y los jeroglíficos que cubrían el interior de las paredes, descubrí algo que me dejó perplejo. En un rincón, casi a la altura del suelo, había un pequeño grabado: un círculo escarlata y debajo exactamente los mismos signos que en la vasija cretense».

Extrajo del maletín otro dibujo y me lo enseñó: mostraba la imagen que acababa de describir rodeada de jeroglíficos egipcios.

«Aquello me llamó muchísimo la atención», continuó Corrigan. «¿Cómo era posible que los mismos signos aparecieran en una cerámica cretense de hace catorce mil años y en un templo egipcio de hace tres mil quinientos? Intrigado, envié cartas a todos mis colegas con reproducciones del círculo y los signos, preguntándoles si habían visto algo similar. Poco después me contestó un joven arqueólogo, Sylvanus Morley, informándome de que había encontrado signos similares en la selva de Yucatán, en el altar de una pirámide maya del periodo clásico; es decir, alrededor del quinientos después de Cristo. Durante los meses siguientes, recibí más respuestas de varios colegas, comunicándome que habían encontrado el círculo escarlata, así como los signos, en ruinas de distintas culturas y épocas en África, Europa, América y Asia. Aquello era un misterio tan desconcertante que no me pude resistir al impulso de investigarlo. Al cabo de un tiempo, descubrí dos cosas. En primer lugar, que el círculo escarlata bordeado de negro es el *emblema de una viejísima secta secreta. En segundo lugar, que aquellos signos eran, en efecto, el alfabeto de un idioma desconocido. No logré entonces conocer su significado, pero sí su transcripción fonética: Voor Sytaris».*

El profesor Corrigan apuró su café y paladeó un sorbo de brandy. Tras una pausa, prosiguió:

«Todo un misterio, amigo mío, un enigma que no lograba desentrañar. Hasta que, hace tres años, un colega de la Sorbona me hizo llegar la copia de un manuscrito griego que, en realidad, era la traducción de un texto árabe del siglo XI atribuido a Ibn Hayyan. En ese documento, llamado 'El Círculo Escarlata', se narra una extraña historia: hace millones de años, unas entidades extraterrestres, los Primigenios, llegaron a nuestro planeta, se extendieron por la Tierra y la dominaron. Un millón de años después, otro ser, un ente cósmico llamado Voor Sytaris, llegó a la Tierra. Era un dios extraterrestre, o quizá un demonio, y durante cientos de miles de años luchó contra los Primigenios, hasta que estos, derrotados, tuvieron que refugiarse en los océanos, donde se transformaron en monstruosos seres anfibios. Entonces Voor Sytaris, convertido en amo del planeta, se sumió en un sueño que duró eones. Y mientras dormía, aparecieron los seres humanos y se extendieron por la Tierra. Hasta que un día, los magos de la primera gran civilización, los atlantes, cegados por la soberbia, decidieron despertar a Voor Sytaris con la equivocada pretensión de que podrían controlarlo. Al salir de su sueño milenario, Voor Sytaris descar-

gó su furia contra ellos y destruyó la Atlántida; y hubiera destruido todo el mundo de no ser porque algunos magos atlantes supervivientes lograron que volviera a dormir. Esos magos fundaron la secta del Círculo Escarlata, que en lo sucesivo debía velar el sueño de Voor Sytaris e impedir que despertase de nuevo, para lo cual lo alimentaban periódicamente con vidas humanas».

Sobrevino un silencio. Me llevé la taza de café a los labios, pero se había quedado frío, así que la dejé sobre la mesa y le di un sorbo al brandy.

«Eso es una leyenda, claro», dije.

«Por supuesto, aunque la secta es real».

«¿Qué significa Voor Sytaris?», pregunté.

«Ah, sí, el idioma. Según el manuscrito griego, los signos extraños son la lengua atlante y 'Voor Sytaris' significa, literalmente, 'devorador de almas'. En el texto también se incluye una oración a ese dios cósmico: 'Voor Sytaris, aklan akartis, leth xumal akiné', que puede traducirse como: 'Devorador de Almas, destructor de mundos, duerme el sueño infinito'. Al parecer, es lo que debe recitarse cuando se le ofrece alguna infortunada víctima».

Hubo una pausa que ambos aprovechamos para saborear nuestras bebidas.

«Es una historia muy interesante, Howard», dije; «pero no acabo de adivinar qué tiene que ver conmigo y con mi biblioteca».

«Ahora llegamos a eso», respondió él. «Con la información que me había proporcionado el manuscrito griego, reanudé la investigación con renovadas ener-

gías. Encontré rastros de la secta en la Edad Media y también en el Renacimiento, y entonces, hace poco más de un año, hice un descubrimiento: averigüé la identidad del sumo sacerdote del Círculo Escarlata durante la primera mitad del siglo XIX».

«¿Y quién era?», pregunté con interés.

«Un antepasado suyo, amigo mío», respondió Corrigan. «El dato me lo facilitó Artemius Erickson, un profesor de la Universidad de Nueva Orleans. Erickson estaba preparando un ensayo sobre la esclavitud en América y, en el curso de su trabajo, había encontrado un documento de mediados del XIX que versaba sobre un tratante de esclavos español llamado Aníbal Salazar. Según tengo entendido, usted es su descendiente. ¿Me equivoco?».

«Fue mi bisabuelo», asentí.

«Por lo visto, Aníbal Salazar entró en contacto con la secta del Círculo Escarlata durante sus viajes por África y, más tarde, se convirtió en su líder y sumo sacerdote. Dicen que ofrendaba a sus propios esclavos como víctimas de los sacrificios humanos ofrecidos a Voor Sytaris».

«Me deja usted estupefacto», murmuré.

«Lo comprendo; pero, descuide, nadie es responsable de lo que hayan hecho sus ancestros. El caso es que ese es el motivo por el que me interesa su biblioteca: me propongo buscar en ella algún escrito o documento de Aníbal Salazar que me permita profundizar en la investigación del Círculo Escarlata. Si usted no tiene inconveniente, claro».

Cogí la copa de brandy y bebí, pensativo.

«Como le dije, Howard, cuenta usted con mi entera colaboración», respondí. «Que yo sepa, no hay ningún escrito de mi antepasado, pero es posible que lo haya pasado por alto. Si lo desea, puede empezar mañana mismo la inspección de la biblioteca».

Agradecido, el profesor Corrigan se incorporó y me estrechó la mano. Y así fue como concluyó aquella agradable a la par que sorprendente velada.

Del 8 al 14 de septiembre de 1921
Durante los siguientes días, el profesor Corrigan se presentaba en la mansión cada mañana, se encerraba en la biblioteca y allí permanecía hasta el atardecer. Solo nos veíamos a la hora de comer, momento en que mi invitado procedía a informarme de sus avances, que durante ese tiempo no fueron muchos. En realidad, ninguno. Pero eso cambió al llegar el jueves 15.

15 de septiembre de 1921
Aquel jueves, el profesor Corrigan llegó a la mansión a las nueve de la mañana, como era su costumbre, y se encerró en la biblioteca. Nada presagiaba que ese día fuera a ser diferente a los demás, y durante gran parte de la jornada transcurrió con la habitual monotonía. Sin embargo, al atardecer, Corrigan entró inopinadamente en mi despacho, sin tan siquiera llamar a la puerta, algo que me sorprendió, pues, por lo general, era un caballero muy correcto. Pero al advertir la agitación que le embargaba, comprendí que algo importante había ocurrido.

«¡Lo encontré!», exclamó, entregándome el libro que llevaba en las manos. «¡Es el diario de Aníbal Salazar! Estaba oculto tras los volúmenes de uno de los estantes más elevados».

En realidad no era un libro, sino un cuaderno con cubiertas de cuero negro. Al hojearlo, comprobé que sus páginas estaban llenas de anotaciones escritas con apretada y picuda caligrafía.

«¿Qué pone?», pregunté.

«En su mayor parte son anotaciones comerciales relacionadas sobre todo con su negocio de trata de esclavos. Sin embargo, también hay un texto en el que habla sobre el Círculo Escarlata. Afirma que se celebraban ceremonias a Voor Sytaris durante el equinoccio de otoño, y que estas tenían lugar en una cueva junto al mar situada cerca de la Mansión Kraken. Y da a entender que durante esas ceremonias se realizaban sacrificios humanos».

Me quedé mirando el cuaderno, perplejo.

«No sé de ninguna cueva cercana a la casa», murmuré.

«¿Le importa que me lleve el diario para examinarlo con detenimiento?», preguntó.

«Claro que no, lléveselo», respondí, entregándole el cuaderno.

Ese día, el profesor Corrigan abandonó la mansión antes de lo usual.

21 de septiembre de 1921

Durante los siguientes seis días no volví a ver al profesor Corrigan, aunque sí tuve noticias suyas, pues me envió una nota informándome de que iba a estar ocupado realizando unas pesquisas que no concretó. Finalmente, el miércoles 21 a media tarde Corrigan se presentó en la mansión visiblemente alterado. Me dijo que había descubierto algo terrible; pero le vi tan nervioso que, antes de entrar en conversación, le conduje a la sala de música y le serví una copa de whisky de malta. Corrigan la apuró de un trago y, ya más calmado, comenzó a hablar:

«Durante estos días de ausencia me he dedicado a investigar en los archivos del ayuntamiento y en los de los periódicos. Precisamente en el archivo del diario La Atalaya he descubierto algo que luego le expondré». Hizo una pausa y prosiguió: «También he recorrido la costa próxima a esta casa, buscando la cueva que mencionaba Aníbal Salazar en su diario, y esta mañana la he encontrado. Está a más o menos un kilómetro de aquí, al pie de un acantilado. La he explorado y...».

Bajó la mirada y guardó un prolongado silencio.

«Le ruego que prosiga, Howard», dije. «Me tiene usted en vilo».

«En una de las paredes de la cueva han pintado un gran círculo rojo bordeado de negro», dijo en voz baja. «Al lado aparecen los signos atlantes con la oración a Voor Sytaris. Sobre el suelo rocoso hay una losa horizontal con dos argollas, como un altar sacrificial. Y he encontrado antorchas y velas, cirios recientes. Nada de lo que he visto es antiguo, amigo mío; más bien parece que está listo para ser usado en cualquier momento».

«Quiere usted decir...», murmuré sin completar la frase.

«Quiero decir que la secta del Círculo Escarlata sigue existiendo en la actualidad, que todavía celebran sus atroces ceremonias y que probablemente van a realizar un sacrificio humano esta noche, porque hoy es el equinoccio de otoño».

Durante unos segundos me quedé sin palabras.

«¿No le parece una conclusión algo aventurada?», objeté.

Sin decir nada, sacó del maletín un ejemplar de El Diario Montañés, *lo dejó encima de la mesa y señaló una de las noticias. Era la fotografía de una chica joven y bonita; debajo, un texto revelaba que se llamaba Evangelina Martínez Santos, que tenía diecisiete años y que llevaba tres días desaparecida. Sus padres, angustiados, ofrecían una generosa recompensa a cualquiera que pudiera aportar pistas sobre su paradero. Miré al profesor inquisitivamente y él dijo:*

«Según he comprobado en la redacción de La Atalaya, *cada año, desde hace al menos veintiséis, una joven desaparece en los días previos al equinoccio y no vuelve a saberse de ella».*

Nos quedamos en silencio durante largo rato.

«¿Qué va a hacer?», pregunté.

«Había pensado en dar parte a la policía», respondió. «Si bien me temo que sin pruebas no me creerían. Así que esta noche iré a la cueva».

«Pero si realmente existe esa secta, puede ser peligroso», señalé.

Corrigan introdujo una mano en un bolsillo de la chaqueta y la sacó empuñando una pistola.

«Estoy preparado», dijo.

Reflexioné durante unos segundos.

«En tal caso, si no tiene inconveniente, Howard, le acompañaré», dije.

«Por supuesto», asintió él. «Se lo agradezco».

21 de septiembre de 1921. Anochecer
Abandonamos la mansión al ponerse el sol, mientras las últimas luces del ocaso aún iluminaban el firmamento, caminando en silencio, abstraídos en nuestros pensamientos. Cuando llegamos a la costa, la noche había caído, pero el resplandor de la luna llena iluminaba nuestros pasos con una claridad lechosa, fantasmagórica. Nos encontrábamos en lo alto de unos acantilados desde donde podíamos contemplar la inmensidad de un oscuro océano que entonces se me antojó tenebroso y amenazador.

Tras orientarse durante unos minutos, Corrigan encontró lo que estaba buscando, un sendero que descendía hacia el mar pegado a las paredes del acantilado. Nos internamos en él y avanzamos penosamente, pues era una senda estrecha y resbaladiza que constantemente ponía en peligro nuestra integridad, amenazándonos con una caída de varias decenas de metros contra las rocas batidas por las olas.

Al cabo de unos minutos, sobreponiéndose al fragor del oleaje, escuchamos el rítmico sonido de unos tambores no demasiado lejanos. Corrigan y yo intercambiamos una mirada y seguimos avanzando hasta que, finalmente, llegamos al nivel de las aguas. Para entonces, el constante tabaleo sonaba inquietantemente cercano. Con cautela, rodeamos un recodo del acantilado y, a unos cincuenta metros de distancia, lo vimos.

Era una cueva, más bien una gran oquedad, situada frente a una pequeña playa de guijarros. Estaba iluminada con velas y antorchas, y en ella se congregaba una veintena de encapuchados cubiertos con túnicas escarlatas; seis de ellos batían tambores, mientras el resto permanecía inmóvil, como si estuvieran aguardando algo.

Nos ocultamos raudos tras una roca. Corrigan empuñó su pistola y me dirigió una mirada que venía a significar: 'Yo tenía razón'. Al cabo de unos minutos, el batir de los tambores se interrumpió. Entonces, dos encapuchados se dirigieron al fondo de la cueva, para regresar al poco llevando entre ambos a una muchacha desnuda que, por sus torpes y desmañados movimientos, parecía drogada. No podíamos distinguir su rostro, pero no albergamos la menor duda de que se trataba de Evangelina, la chica desaparecida. Corrigan hizo amago de incorporarse, pero se lo impedí sujetándole de un brazo.

«Son demasiados», susurré. «No podemos hacer nada».

Los encapuchados ataron a la muchacha a las argollas del pétreo altar y se retiraron a un lado. Entonces los tambores iniciaron otra vez el rítmico tabaleo, al mismo tiempo que un nuevo sonido, profundo y siniestro, el de un cuerno de caza o una caracola ma-

rina, rasgaba la oscuridad de la noche. Durante unos minutos nada sucedió, hasta que, de repente, algo, unos seres extraños y siniestros, comenzaron a surgir del agua. Tenían forma humanoide, pero, aunque no podíamos verlos con claridad, resultaba evidente que nada tenían que ver con la especie humana.

«Dios santo», musitó Corrigan, horrorizado. «¿Qué son...?».

Los espantosos seres, treinta o cuarenta quizá, emergieron de las aguas y avanzaron por la playa en dirección al altar sacrificial. La muchacha, aturdida, alzó la cabeza y, al verlos, lanzó un grito desgarrador. Entonces, aquellas bestias nauseabundas se abalanzaron sobre ella como una jauría de fieras salvajes, despedazándola con sus dientes y sus garras. Un último grito, trémulo y despavorido, se truncó bruscamente, marcando el final de la vida de aquella desdichada joven. La escena era demasiado horripilante para contemplarla sin experimentar una profunda desazón.

Súbitamente, escuchamos el sonido de un chapoteo a nuestra izquierda. Giramos la cabeza y vimos, espantados, que uno de aquellos seres salía de las negras aguas y se abalanzaba contra nosotros. Era alto, con la piel lisa y gris, sin pelos; tenía los ojos enormes, con las rasgadas pupilas cubiertas por membranas nictitantes, una enorme boca erizada de aguzados dientes y las manos palmeadas rematadas por garras similares a cuchillas.

Sin la menor vacilación, Corrigan disparó tres veces contra el monstruoso agresor, que se desplomó muerto al mismo tiempo que profería un inhumano gañido. Un instante después, los tambores y el cuerno dejaron de sonar, y un alarmado griterío llegó a nuestros oídos. El estampido de los disparos nos había descubierto.

«¡Vámonos!», grité.

Echamos a correr remontando el sendero, en medio de la oscuridad plateada por la Luna, con un rumor de voces y gritos a las espaldas espoleando nuestros pasos. Ignoro cómo logramos llegar a la cima del acantilado sin precipitarnos al abismo; la única explicación es que un dios misericordioso velaba por nosotros mientras emprendíamos tan alocada huida. Cuando llegamos a lo alto, seguimos corriendo bosque a través en dirección a la mansión, cuyas luces ya atisbábamos en la distancia.

Las ramas nos azotaban, los espinos nos rasgaban la piel y los ropajes. Corrigan tropezó con unas raíces y cayó al suelo; lo ayudé a levantarse y seguimos corriendo. Y corrimos, corrimos, corrimos, hasta que finalmente llegamos a la mansión y entramos en ella, cerrando la puerta a nuestras espaldas. Solo entonces nos detuvimos, doblados hacia delante, con las manos en los muslos, jadeando ruidosamente para recuperar el aliento que la carrera nos había robado.

Una vez que recobramos mínimamente el resuello, nos dirigimos al salón y miramos al exterior desde uno de los ventanales. No se veía nada ni a nadie por los alrededores, de modo que me volví hacia Corrigan y le dije:

«No nos han seguido, estamos a salvo».

El profesor me miró, pálido y demudado, y murmuró:

«Por Dios misericordioso, ¿qué son esos seres?».
Reflexioné.
«Usted me habló el otro día de unos entes extraterrestres llamados Primigenios, que fueron derrotados y se convirtieron en anfibios. Quizá los seres monstruosos que hemos visto en el acantilado son ellos, los Primigenios».

Corrigan exhaló una bocanada de aire, abatido.

«Creía que solo era una leyenda», dijo. «Sea como fuere, hemos sido testigos de un horrible asesinato; debemos dar parte a la policía».

«Por supuesto», asentí. «Aunque será difícil que nos crean... Pero antes, amigo mío, debemos tranquilizarnos un poco».

Me dirigí al mueble bar y serví sendas copas de brandy; le entregué a Corrigan la suya y bebimos de pie, en silencio, ensimismados en nuestros pensamientos. Le di a mi bebida un par de sorbos y dije:

«Hay algo que quería comentarle, Howard. Estos días en los que ha estado usted ausente me he dedicado a explorar la casa. Como usted sabe, mi antepasado Aníbal Salazar fue quien remodeló la Mansión Kraken, dejándola tal y como hoy la conocemos. Pensé que quizá podría descubrir aquí algún rastro de sus actividades secretas y..., en fin, creo haberlo encontrado en el sótano».

«¿Qué es?», preguntó el profesor.

«La verdad es que no sabría describírselo», respondí. «Es una oquedad en el suelo y hay unas inscripciones que no logro entender. Creo que debería verlo usted mismo. ¿Quiere echarle una ojeada?».

«Por supuesto», asintió Corrigan, apurando su copa de un trago.
Fui a la cocina a por un farol de queroseno y lo prendí antes de iniciar el descenso al sótano...

9. *El jugador de ajedrez*

Cuando acabamos de leer, Violeta y yo alzamos las cabezas y nos miramos con las cejas arqueadas.

—¿Qué es esto? —murmuró Violeta, desconcertada.

—Parece un cuento de terror —dije.

—Pero habla de la Mansión Kraken —objetó mi prima—, y de Aníbal Salazar. Y fíjate en las iniciales que hay al principio del texto: «M. S. C.». Melquiades Salazar Cuervo.

—¿Crees que esto lo escribió Melquiades?

—¿Y quién si no?

—No lo sé, pero ¿por qué iba a escribir Melquiades en una habitación oculta en el trastero a la que hay que trepar como un mono para poder entrar?

—En 1921 Melquiades tenía... —Violeta hizo una pausa para calcularlo—. Tenía treinta y nueve años, era capaz de subir por el armario con toda facilidad.

—¿Y por qué tomarse esa molestia? —insistí—. Podría haberlo escrito en su despacho tan tranquilamente. Además, el relato está inacabado. ¿Por qué no lo terminó?

—No sé.

—Y luego está esa historia... Es increíble.

—¿Por qué?

—Pues porque... ¿Sectas secretas milenarias? ¿Dioses extraterrestres? ¿Sacrificios humanos? ¿Monstruos humanoides anfibios? —Agité las manos, como espantando moscas—. Nada de eso existe en la vida real, Violeta.

Mi prima frunció el ceño.

—¿Y tú qué sabes? También creías que no existían los fantasmas.

Abrí la boca para replicar, pero volví a cerrarla. La conocía lo suficiente como para saber que era inútil discutir con ella cuando se montaba una de sus películas. No obstante, resultaba innegable que ese texto mecanografiado era rarísimo. Aunque...

—Me suena familiar —dije, señalando el manuscrito.

—¿La historia?

—No... La forma en que está escrita. Tiene demasiados adjetivos; me recuerda a algo, pero no sé a qué.

—¿Qué hacemos ahora? —dijo ella tras una pausa.

Me encogí de hombros.

—Deberíamos contárselo a Elena, ¿no?

Violeta asintió.

—Voy a telefonearla. —Echó a andar hacia la puerta, pero se detuvo y se volvió hacia mí—. ¿Y si el Círculo Escarlata sigue existiendo? —preguntó.

—Parece que a esos bichos raros les gustan las chicas —respondí—. Así que vete preparando para que te sacrifiquen.

Frunció el entrecejo, me sacó la lengua y abandonó el dormitorio camino del salón.

* * *

Pese al bronceado de su piel, Elena estaba pálida cuando acabó de leer el texto mecanografiado.

—Es una barbaridad —dijo, mirándonos con aprensión—. Es..., es horrible.

Nos encontrábamos en la terraza del Rhin, sentados a una mesa tomando unas cañas. Faltaba poco para la hora de comer.

—Además, no termina —agregó Elena.

—La última hoja aún estaba en el rodillo de la máquina de escribir —respondí—, como si el que lo escribía lo hubiera abandonado de repente.

—¿Y quién lo estaba escribiendo?

—El texto da a entender que Melquiades —dijo Violeta.

Elena dejó escapar una bocanada de aire y perdió la mirada.

—Ahora resulta que uno de mis antepasados, Aníbal Salazar, además de ser un negrero era el líder de una secta —murmuró—. Y yo que creía venir de una buena familia...

—No sabemos quién escribió esto —dije con cansancio. Era agotador ser siempre el único escéptico—. Y tampoco sabemos si algo de lo que dice es cierto.

—¿Por qué eres tan cabezota, Javier? —me espetó Violeta.

—No soy cabezota, es que... ¡Demonios, esa historia es una chaladura! Vamos a ver, el texto dice que a más o menos un kilómetro de la mansión hay una cueva al pie de un acantilado. ¿La hay?

Las dos chicas se quedaron pensando.

—Hay acantilados, eso sí —dijo Elena—. Cerca, hacia el oeste, está la playa de Mataleñas, pero no recuerdo ninguna cueva.

—¿Y hacia el este? —pregunté.

—Tampoco me suena —admitió Elena.

—Habría que explorar la zona —dijo Violeta.

Sacudí la cabeza.

—Conmigo no contéis. No me voy a jugar el cuello triscando por acantilados en busca de una cueva que probablemente ni exista. Además, os recuerdo que esto no tiene nada que ver con los documentos desaparecidos.

—Quizá sí —murmuró Violeta, pensativa.

—¿Sí? ¿Cómo?

—En el texto se dice que en el sótano hay algo extraño, un agujero y unas inscripciones.

—Hemos estado en el sótano y no hemos visto nada raro —repliqué.

—Puede que no hayamos mirado bien. Ya hemos encontrado una habitación oculta; quizá haya otra.

Me recosté en la silla y bebí un largo trago de cerveza. Le daba vueltas y más vueltas en la cabeza, y no lograba encontrarle sentido a aquel manuscrito. Además, ¿a qué me recordaba? De pronto se me ocurrió una idea.

—En la mansión, aparte de Melquiades y la criada, ¿vivía alguien más? —pregunté.

—Que yo sepa no —respondió Elena.

—¿Y en el pasado?

Elena se encogió de hombros y nos quedamos en silencio.

—Se lo podemos preguntar a Sebastián Laredo, el amigo de Melquiades —dijo Violeta—. Hemos quedado con él mañana a las seis en el Círculo Ajedrecístico.

* * *

Ese mismo día, durante la comida en Villa Candelaria, tío Luis me anunció triunfalmente:
—Ya he terminado el cohete. Está listo para despegar.
—¿Has construido un cohete? —preguntó tía Adela en tono preocupado.
—Pequeñito, pequeñito —respondió él—. Pero volará como un águila.
—¿No será peligroso?
—No, qué va. Podemos probarlo esta tarde; ¿te apetece, sobrino?
—Claro —asentí.
—¿Alguien más se apunta? —preguntó tío Luis.
—He quedado con Andrés —se excusó Violeta.
—Yo también he quedado —repuso Margarita. Y añadió en tono burlón—: Además, ya sabes lo que opino de los cohetes.
—Me apunto, papá —dijo Azucena.
—Y yo —terció tía Adela—. Debo vigilarte para que no hagas locuras, querido.
Puede que el cohete de mi tío fuese pequeño en comparación con los ciento diez metros de altura y las tres mil doscientas toneladas de peso del Saturno V que llevó a los hombres a la Luna, pero era

mucho más grande de lo que yo esperaba. Tanto que no cabía en el Jaguar, así que mi tío tuvo que pedirle prestado un todoterreno a un amigo para poder transportarlo.

A las cinco y media de la tarde metimos el cohete desmontado en el *Land Rover*, y mis tíos, Azucena y yo partimos hacia las afueras de la ciudad. No nos alejamos mucho; a los pocos kilómetros, tío Luis se desvió por un camino rural y se detuvo en una pradera despejada de árboles y alejada de las zonas habitadas.

Entre todos le ayudamos a montar el cohete. Puesto en pie sobre la pequeña plataforma de despegue medía casi dos metros de altura. Estaba pintado de rojo y blanco y tenía tres aletas en la base. Orgulloso, tío Luis señaló la parte superior del artefacto.

—Eso es la ojiva —dijo—. Contiene un altímetro y un pequeño paracaídas. Cuando el cohete alcance la máxima altura y agote su combustible, la ojiva se desprenderá, desplegará el paracaídas y caerá mansamente a tierra. Así que tenemos que estar muy pendientes para ver dónde aterriza.

Dicho esto, conectó el cable del disparador a la plataforma de despegue y nos pidió, por seguridad, que nos alejáramos unos veinte metros y nos situáramos detrás del todoterreno.

—¿No decías que no era peligroso? —preguntó tía Adela con una ceja alzada.

—No lo es si tomamos las debidas precauciones, querida.

Una vez que estuvimos protegidos tras el vehículo, tío Luis me entregó el disparador.

—A ti te corresponde el honor de efectuar el lanzamiento, sobrino.

—Pero con cuenta atrás —dije—. ¿Te encargas de eso, Azucena?

Mi prima pequeña sonrió y empezó a contar al revés:

—Diez, nueve, ocho, siete, seis, cinco, cuatro, tres, dos, uno, ¡ignición!

Apreté la clavija del disparador. Durante un instante no sucedió nada; luego, una pequeña columna de humo brotó de la tobera del motor. Y a los pocos segundos el cohete explotó en mil pedazos. Tras un sobresalto, nos quedamos en silencio, sin saber qué decir.

—Supongo que no era eso lo que debía pasar —comentó tía Adela—. ¿Verdad, querido?

Con la mirada fija en los restos del cohete, tío Luis dijo en voz baja:

—No. No era eso.

—No te preocupes, papá —dijo Azucena—. Los primeros cohetes que ensayó la NASA también explotaban.

Tío Luis suspiró.

—Gracias, hija. Me siento mucho mejor sabiendo que soy igual de torpe que la NASA. —Volvió a suspirar—. Anda, ayudadme a recoger esa basura.

Introdujimos los restos del cohete en el todoterreno y partimos de regreso a la ciudad. Cuando faltaba poco para llegar a Villa Candelaria, tío Luis anunció con determinación:

—El próximo volará.

* * *

Violeta, Elena y yo fuimos a la playa a la mañana siguiente. Extendimos las toallas sobre la arena en el lugar de siempre, junto a Piquío, y nos desvestimos. Automáticamente, todas las miradas convergieron en Elena; debajo llevaba un bañador rojo, pero creo que mientras se quitaba la blusa y los *shorts*, la temperatura subió unos cuantos grados en la playa. Luego, cuando nos tumbamos, se inició un desfile de hombres que pasaban por delante de nosotros observándonos disimuladamente de soslayo. La miraban a ella, me miraban a mí, y supongo que pensaban: «¿Qué narices hará ese pringado con un cañón (Elena) y una monada (Violeta)?». Era divertido.

Por desgracia, al cabo de un rato se nos unió Andrés y, sin apartar nunca la mirada de las curvas de Elena (el muy salido), no paró de hablar, pavoneándose y demostrando hasta qué punto era pedante e insufrible. Aunque, al parecer, solo yo opinaba eso, pues mi prima le escuchaba embobada y Elena le miraba con admiración. Me entraron ganas de meterle un puñado de arena en la bocaza para que se callase.

* * *

El Círculo Ajedrecístico Ruy López se encontraba en el centro de la ciudad, cerca de la Plaza Porticada. Era un local grande dividido en dos zonas: un salón social y una sala de juego con doce mesas sobre las que descansaban otros tantos tableros de ajedrez y relojes de competición.

A las seis en punto de la tarde nos presentamos allí Violeta, Elena y yo. Encontramos a Sebastián Laredo, el íntimo amigo de Melquiades, en la zona de juego, contemplando la partida que jugaban dos de los socios. Era un hombre delgado, elegante, de unos setenta años, con el pelo blanco y gafas de montura metálica. Al vernos, se aproximó a nosotros para saludarnos amablemente y nos condujo al salón, donde nos acomodamos en cuatro viejas y mullidas butacas.

—Tú eres la heredera de Melquiades, ¿verdad? —le dijo Laredo a Elena.

—En realidad, lo es mi padre —respondió ella.

—Ah, sí, don José Carlos Mistral; lo conozco. Hace un par de años me preguntó por los documentos de Melquiades, y ya le dije que no sabía nada al respecto. Porque supongo que venís por eso, ¿no?

—Solo en parte —respondió Violeta—. En realidad, lo que queremos es conocer mejor a Melquiades Salazar. Nos han dicho que usted era su mejor amigo.

—No sé si el mejor, pero desde luego éramos amigos. ¿Qué queréis que os diga de él?

—¿Desde cuándo se conocían?

—Yo vivía en Torrelavega y me trasladé a Santander en 1955. Ese mismo año ingresé aquí, en el círculo, y conocí a Melquiades...

Lo que Laredo nos contó sobre la personalidad y el carácter de Melquiades Salazar coincidía punto por punto con lo que ya nos habían contado. Melquiades fue una bellísima persona, un anciano amable, afectuoso y algo solitario. También nos contó un par de anécdotas no muy divertidas. Estaba claro que la vida del último Salazar no había sido demasiado emocionante. Al menos en apariencia.

—¿Qué tal ajedrecista era? —pregunté.

—Tenía un buen nivel. Era un jugador metódico y ortodoxo, aunque quizá le faltaba un poquito de imaginación. Heredó la afición al ajedrez de su padre; por lo visto, ese juego lo practicaba la familia Salazar desde antaño.

—¿Le gustaba escribir? —preguntó Violeta.

—¿Escribir?

—Sí, relatos de ficción, historias, cosas así.

Laredo negó con la cabeza.

—No, qué va. Ya os he dicho que no era un hombre demasiado imaginativo.

—¿Vivía alguien más en la Mansión Kraken? —pregunté—. Aparte del señor Salazar y su criada Rosario, claro. O vivió alguien allí alguna vez.

—Que yo sepa, no. Si mal no recuerdo, su padre murió en 1912, y Regina Cuervo, su madre, hacia 1920 o así. Desde entonces, Melquiades siempre vivió solo con la servidumbre.

—¿Y concretamente en 1921?

Laredo se encogió de hombros.

—No lo sé. Puede que en algún momento tuviera invitados, pero desde luego nunca durante los años en que lo traté.

Hubo un silencio. Violeta se inclinó hacia delante y preguntó:

—¿El señor Salazar le habló alguna vez del Círculo Escarlata?

Laredo la miró con extrañeza.

—No. ¿Qué es?

—Nada, no importa. —Violeta reflexionó durante unos segundos—. ¿Qué cree usted que hizo el señor Salazar con sus documentos?

—No tengo la menor idea. Le insistí muchas veces en que recurriera a un abogado para poner orden en sus asuntos. Yo mismo me ofrecí, pues soy licenciado en Derecho; pero Melquiades se negó. No confiaba en los abogados, decía que lo complicábamos todo. A mí me aceptaba como amigo, pero no como profesional. ¿Qué hizo con sus papeles? Sinceramente, no lo sé.

De nuevo guardamos silencio. Ya no sabíamos qué más preguntarle.

—¿Había algo extraño en el señor Salazar? —dije—. No sé, ¿tenía alguna afición inusual o algo así?

Laredo perdió la mirada y guardó silencio durante tanto tiempo que pensé que no me había oído, o que no quería contestarme.

—Supongo que ya no importa —dijo al fin—. Melquiades pertenecía a la masonería.

—¿Masonería? —repitió Elena—. De eso habla mucho Franco.

—Es una sociedad secreta, ¿no? —terció Violeta.

—No exactamente —respondió Laredo—. Ellos prefieren decir que son una sociedad discreta. En realidad, se trata de una asociación fraternal de carácter filosófico. Sus miembros se reúnen en una especie de templos llamados «logias», donde celebran unas juntas denominadas «tenidas». Es una asociación iniciática en la que los miembros van subiendo grados según su importancia. Los tres primeros grados son aprendiz, compañero y maestro, y el máximo grado es el 33. Lo que hacen en sus reuniones es secreto, pero la masonería en sí no lo es. De hecho, hay muchos masones famosos; por ejemplo, dieciséis presidentes de Estados Unidos fueron masones.

—Pero en España está prohibida, ¿no? —dije.

Laredo asintió.

—En 1940, un año después de ganar la guerra, el gobierno de Franco dictó la Ley para la Represión de la Masonería y el Comunismo. La masonería fue prohibida y sus logias y bienes incautados. En cuanto a los masones, son ilegales y están perseguidos; los miembros de los grados superiores pueden ser condenados hasta con treinta años de cárcel, y los grados inferiores hasta con veinte. —Hizo una pausa y prosiguió—: En 1937, cuando las tropas franquistas estaban a punto de tomar la ciudad, las logias de Santander cerraron y destruyeron todos sus archivos. Gracias a eso, los masones santanderinos pudieron salvarse de la represión, pero a costa de pasar a la clandestinidad y hacerse invisibles. Eso es lo que le ocurrió a Melquiades.

—¿Seguía reuniéndose con sus compañeros masones? —pregunté.

—Sí, de forma discreta. Conocí a algunos, pero de eso hace tiempo; que yo sepa, todos han fallecido ya.

Ahí acabó la conversación. Laredo nos acompañó a la salida y nos despedimos; pero antes de irnos Violeta le preguntó:

—¿El señor Salazar le habló alguna vez de... fantasmas?

Laredo se echó reír.

—Pues sí, Melquiades decía que había un fantasma en la Mansión Kraken. Yo nunca vi nada raro y al principio pensé que era una broma. Pero lo decía en serio.

—¿Y no le importaba?

Laredo sonrió.

—Creo que más bien le hacía gracia. Pero puede que me estuviera tomando el pelo.

* * *

Regresamos al Sardinero sobre las ocho y media pasadas y nos sentamos en uno de los bancos del jardín de Piquío, de cara al mar. Durante un buen rato nadie dijo nada, hasta que finalmente Violeta comentó:

—Melquiades Salazar pertenecía a una sociedad secreta; quizá también era miembro del Círculo Escarlata.

Respiré hondo, haciendo acopio de paciencia.

—La masonería no es una sociedad secreta —dije—. Demonios, pero si es legal en todo el mundo, menos en España, porque a Franco le dio la manía de que había una conjura de masones y comunistas. En cuanto al Círculo Escarlata... ¿Habíais oído hablar de eso antes? Porque yo no.

—Si es una secta secreta, lo lógico es que no hayamos oído hablar de ella —replicó Violeta.

—Ya veo —dije—: la prueba de que existe es que no hay ninguna prueba de que exista. Genial. —Violeta puso cara de enfadarse conmigo, así que me apresuré a cambiar de tema—: De todas formas, nada de eso nos acerca ni un pelo a los documentos de Salazar.

Hubo un silencio.

—Tenemos que contactar con el fantasma de la Mansión Kraken —dijo Violeta en voz baja—. Él debe de saber qué hizo Salazar con sus documentos.

—¿Y cómo piensas contactar con él? —pregunté—. ¿Haciendo una *ouija*?

—Pues mira, es una idea.

—Sí, una idea malísima.

Mi prima se cruzó de brazos, como si trazara una frontera entre nosotros.

—¿Por qué eres tan negativo, Javier? —dijo—. Tú mismo contactaste con el espíritu de Beatriz.

—Ya —repliqué—; pero Beatriz Obregón era un fantasma amable, que no hacía ruido y olía bien, mientras que tu fantasma de la mansión mete unos golpes que tiembla la casa, es como un frigorífico y huele a mierda. ¿Te parecen buenas razones para que no me entusiasme la idea de «contactar» con esa cosa?

—Me estáis poniendo la piel de gallina —dijo Elena—. No pienso volver a entrar en la mansión.

Nos quedamos callados durante un buen rato.

—He quedado con Andrés dentro de diez minutos —dijo Violeta, consultando su reloj—. Vamos a tomar algo por ahí y luego a una discoteca. ¿Os apuntáis?

—Vale, yo me apunto —aceptó Elena.

Busqué a toda prisa una excusa, pero no se me ocurrió nada original, así que dije lo de siempre:

—Estoy un poco cansado; creo que me voy a quedar en casa.

—¿Y me vas a dejar desparejada? —dijo Elena—. Venga que hoy es viernes, no seas seta.

—Pero es que...

—Vamos, ven. —Elena fingió un pucherito—. Te lo estoy pidiendo por favor.

¿Qué podía hacer? Pues derretirme y asentir como un tonto con la cabeza. Al poco, vino a buscarnos Andrés y nos llevó en su coche a un bar, donde pedimos una ración de rabas[3]. Estaban buenísimas, pero casi se me indigestaron al comerlas escuchando las inacabables disertaciones de Andrés. No paró de hablar; habló sobre literatura francesa, sobre cine ruso, sobre arte pop... Supongo que quería demostrar su inconmensurable cultura, pero solo logró dejar claro lo plasta, engreído y pedante que era (de nuevo en mi modesta opinión).

Después fuimos a una discoteca de las afueras. Afortunadamente, allí Andresito tuvo que callarse porque la música estaba muy alta y no se oía nada. Por desgracia, no me quedó más remedio que bailar, y nunca se me ha dado bien eso de, como se decía entonces, «mover el esqueleto». Tengo poco oído y aún menos sentido del ritmo. En realidad, solo sabía un par de pasos que repetía una y otra vez, así que ahí estaba yo,

---

3 Calamares fritos típicos de Cantabria y el País Vasco.

agitándome como un robot oxidado mientras Elena y Violeta se cimbreaban como ninfas. Me gustaría poder decir que Andrés lo hacía tan mal o peor que yo, pero el muy desgraciado bailaba con gracia y mucho estilo. Creo que entonces empecé a echar humo por las orejas.

Al cabo de un rato nos sentamos a una mesa y Violeta y Andrés empezaron a darse besitos en plan acaramelado. Elena y yo compartimos una comprensiva sonrisa, aunque en realidad se me estaba revolviendo el estómago.

Dios, qué mal me caía ese tipo.

10. Dos besos

Al día siguiente, Violeta y Andrés se fueron de excursión al Valle del Pas, una comarca cántabra situada a unos cincuenta kilómetros de Santander. Nos invitaron a acompañarlos, pero aunque tenía muchas ganas de conocer ese valle, desde luego no pensaba hacerlo con el «novio» de mi prima, así que rehusé.

El sábado por la mañana fui solo a la playa y me leí de un tirón *El señor de las moscas*, el libro que me había regalado Violeta. Era corto, pero intenso. Un avión en el que viajan treinta niños y adolescentes se estrella en una isla desierta. En el accidente mueren todos los adultos, de forma que los chicos tienen que organizarse para sobrevivir. Poco a poco, su dramática situación los va conduciendo al salvajismo, y los peores instintos del ser humano, la violencia, la lucha por el poder, el odio, salen a la luz. De eso trata la historia, de lo peor de la naturaleza humana; de hecho, su título, *El señor de las moscas*, hace referencia al diablo. Es una novela dura y apasionante. Me encantó.

También estuve pensando en Melquiades Salazar, la Mansión Kraken y los documentos desaparecidos, y cuanto más pensaba, más raro e incomprensible me parecía todo. ¿Por qué había una habitación oculta?

¿Quién escribió el manuscrito? ¿Por qué lo dejó inacabado? ¿Existía el Círculo Escarlata?... Muchas preguntas y ni idea de cómo responderlas. En fin, podía intentar «contactar» con el fantasma, como decía Violeta, pero... Una semana antes, esa posibilidad me habría parecido ridícula, porque llevaba tiempo convenciéndome a mí mismo de que los fantasmas no existían. Sin embargo, ahora, por irracional que pudiera parecerme, estaba cada vez más seguro de que en la mansión moraba un espíritu; y no precisamente un espíritu simpático y juguetón, sino uno de esos espíritus que requieren la intervención urgente de un exorcista. No, no tenía la menor intención de contactar con algo así.

Entonces, ¿qué? Por otro lado, ahí estaba Andrés; no podía pasarme las vacaciones evitándolo, pero ni loco iba a pasar las vacaciones con él. Debía reconocerlo: yo ya no pintaba nada en Santander. Así que tomé la decisión de regresar a Madrid.

*＊＊

Hay una frase que dice: «Si quieres hacer reír a Dios, cuéntale tus planes». Después de pasar la mañana en la playa, regresé a Villa Candelaria. Comí solo con mis tíos y con Azucena, pues Margarita había quedado con unos amigos y Violeta estaba con Andrés en el Valle del Pas. Después de comer me senté en el salón y empecé a leer *Puerta al verano*, de Robert A. Heinlein, uno de los libros que había traído de Madrid.

No pude leer mucho; a la media hora de empezar, sonó el teléfono. Tía Adela contestó y, tras dejar el auricular sobre la mesa, me dijo:

—Es para ti, Javier.

—¿Quién es? —pregunté, extrañado.

—No sé; una chica.

Era Elena, para preguntarme si me apetecía salir a dar una vuelta. Le dije que sí, por supuesto. Pasó a recogerme con su Mini a las seis de la tarde y fuimos a Laredo, un pueblo turístico cercano a la ciudad. Dimos un paseo y tomamos unas cervezas en un bar situado frente a la preciosa playa. Luego volvimos a Santander y, a eso de las ocho, nos sentamos en la terraza del Rhin. Al poco, sucedió algo extraordinario.

Elena y yo estábamos sentados el uno al lado del otro, charlando de no recuerdo qué. De pronto, ella miró por encima de mi hombro y torció el gesto; acto seguido me miró a los ojos y, sin solución de continuidad, se abrazó a mí y me besó en los labios. Si en aquel momento hubiera aterrizado un platillo volante y un marciano se hubiese puesto a hacer juegos malabares, no me habría sorprendido más. No supe reaccionar, no la abracé, ni respondí al beso; me quedé paralizado, con los ojos como platos. Al cabo de unos segundos, ella se apartó de mí, miró de nuevo por encima de mi hombro y dijo:

—Lo siento, Javier, perdóname. Es que ahí estaba otra vez Mariano, mi ex, espiándome y he pensado que si te besaba a lo mejor dejaba de seguirme. Lo siento, de verdad. ¿Te ha molestado?

Respiré hondo, recuperando el aliento, y respondí:
—Tranquila. Pocas cosas en mi vida me han molestado menos...
Una sonrisa iluminó el hermoso rostro de Elena. La doble esmeralda de sus ojos se centró en los míos.
—Pero qué mono eres —dijo.
Y volvió a besarme.
La segunda vez sí reaccioné.

* * *

Jamás había pensado en Elena de un modo erótico; no porque no lo mereciese, sino precisamente porque lo merecía demasiado. Las chicas como ella siempre habían estado fuera de mi alcance. Elena era un bombón, una preciosidad, mientras que yo era un tío normal y corriente; ella jugaba en primera división y yo, en segunda regional. Hasta entonces, esa clase de chicas no me miraba a mí, sino a través de mí. Pero había sucedido un milagro y la reina del baile me había elegido como rey consorte. No podía creérmelo.

Aquel sábado estuvimos juntos hasta pasadas las dos de la madrugada. Elena me llevó a casa y, antes de salir del coche, nos despedimos con un largo festival de besos y caricias. En Villa Candelaria las luces estaban apagadas y todo el mundo en la cama. Sin hacer ruido, remonté la escalera como flotando en una nube, entré en mi cuarto levitando tres palmos sobre el suelo, me desnudé sin encender la luz y me metí en la cama. Ni siquiera me lavé los dientes; quería dormirme conservando en los labios el sabor de Elena.

El domingo me desperté tarde. Me senté en la cama, me froté los ojos, bostecé ruidosamente y, de pronto, recordé lo que había ocurrido el día anterior. Entonces se instaló en mis labios una sonrisa boba que no me abandonó durante todo el día. Cuando fui al cuarto de baño para ducharme, me miré al espejo y, recordando las palabras de Elena, murmuré:

—Pero qué mono soy...

Así de tonto estaba. Más tarde, cuando me encontré con Violeta, no le conté lo que había ocurrido; no porque quisiera ocultarlo, sino porque me parecía ridículo decirle: «Por cierto, ayer me enrollé con tu amiga». Ya se enteraría. Lo que no podía imaginar eran las consecuencias que iba a traer aquello.

Por la tarde, Violeta me dijo que había quedado con Andrés y con Elena, y yo, para su sorpresa, me apunté al instante. A las seis nos dirigimos al Rhin, donde habíamos quedado; Andrés ya estaba allí, pero tuvimos que esperar casi quince minutos a Elena. Entonces apareció ella, embutida en un traje blanco con la falda muy corta, provocando un revuelo de miradas y murmullos a su paso; saludó a Violeta y a Andrés, se abrazó a mí y estampó un largo beso en mis labios.

De reojo, observé las reacciones de mi prima y de su chico. Andrés puso primero cara de sorpresa y luego de profunda envidia. En cuanto a Violeta, también su expresión fue de asombro; pero al instante siguiente se quedó muy seria. Y así permaneció el resto de la tarde: seria y callada. De hecho, poco después dijo que estaba cansada y su insufrible chico la acompañó a casa.

Entonces no le di importancia y me quedé tan ricamente con Elena; pero en los días sucesivos la actitud de Violeta, su evidente malhumor, lejos de disiparse, fue a más.

* * *

Durante los siguientes tres días, mi romance con Elena me mantuvo en una burbuja de boba felicidad. Estábamos juntos todo el día, de la mañana a la noche; charlábamos, nos reíamos, paseábamos de la mano, nos dábamos acaramelados besitos. Éramos muy diferentes, es cierto; ella era de clase alta y yo de clase media, su familia estaba forrada y la mía pasaba apuros para llegar a fin de mes, a mí me interesaba la ciencia mientras que ella no sabía ni cómo funcionaba un enchufe, a mí me encantaba leer y a ella no... Pero, al menos en aquel momento, a mí eso me importaba un bledo.

Cuando uno inicia una relación, las hormonas se alborotan tanto que te impiden ver lo que ocurre a tu alrededor; estás tan concentrado en ti mismo y en tu pareja que te vuelves ciego para todo lo demás. Aun así, era evidente que a Violeta le pasaba algo conmigo. Me rehuía y, cuando no le quedaba más remedio que estar a mi lado (durante las comidas, por ejemplo), ponía cara de perro y apenas me dirigía la palabra. Si intentaba hablarle, ella aducía cualquier excusa y se largaba.

Finalmente, el miércoles por la noche, después de cenar, me acerqué al dormitorio de Violeta, llamé a la puerta, la abrí y asomé la cabeza por el umbral.

—¿Podemos hablar? —pregunté.

Violeta, sentada frente al escritorio, sacudió la cabeza, muy seria.

—Ahora no —dijo—; estoy ocupada.

Sin hacerle caso, entré en la habitación y cerré la puerta.

—¿Qué te pasa, Violeta? —dije—. Estás enfadada conmigo y no sé por qué. ¿Qué he hecho?

Mi prima respiró hondo, se puso en pie y me espetó:

—¿Que qué has hecho? Debería darte vergüenza.

—¿Vergüenza? —repetí—. ¿Por qué?

Violeta puso los brazos en jarras.

—Por aprovecharte de Elena —dijo.

Me quedé con la boca abierta.

—Yo no me he aprovechado de nadie —repliqué—. ¿A qué viene eso?

—Elena acaba de romper con su novio, está hecha polvo; apareces tú y te abalanzas sobre ella. Yo a eso lo llamo aprovecharse.

Boqueé varias veces, como si me costara encontrar las palabras adecuadas para mostrar mi consternación.

—Yo no me he abalanzado sobre nadie —protesté—. Pero si soy el tío más cortado del mundo, deberías saberlo. Fue ella la que tomó la iniciativa.

Violeta soltó una risita sarcástica.

—Claro —ironizó—; como eres irresistible...

Ahí fue cuando empecé a enfadarme.

—Vale —dije—, está claro que, según tú, ninguna tía debería hacerme el menor caso. Debo de parecerte repugnante; pero, mira, resulta que hay chicas que no piensan lo mismo.

Mi prima contuvo el aliento y apretó los puños.

—¿Por qué estás con ella? —preguntó.

—¿Qué?...

—¿Por qué estás con Elena?

—Pues porque me gusta, demonios. ¿Por qué iba a ser?

Violeta resopló.

—Elena es una pija, Javier —dijo. Y repitió—: Una pija.

De nuevo me quedé sin palabras.

—Pero..., pero... —balbucí—. Pero si es tu amiga...

—Sí, lo es —asintió ella—. Tengo muchas amigas, de todo tipo; las hay progres, las hay marujas, las hay intelectuales, las hay deportistas, y Elena es la pija. Y tú, ¿qué? ¿Vas a montarte un harén y Elena será tu amante pija?

Cerré los ojos y respiré hondo.

—No tiene ni pizca de sentido lo que estás diciendo —murmuré.

Violeta clavó en mí una mirada llena de reproches.

—¿Por qué sales con Elena? —insistió.

—Ya te lo he dicho: porque me gusta.

—Claro que te gusta —gruñó—. Sales con ella porque está buena. Solo por eso.

Aquello era cada vez más absurdo y yo estaba cada vez más enfadado.

—Pues mira, sí, está buena. De hecho, es la chica más guapa que he visto en mi vida. —Lo dije para herirla, no voy a mentir—. Pero al menos yo tengo una razón para salir con ella, no como tú con Andresito.

Si las miradas mataran, yo habría caído fulminado allí mismo.

—¿Qué pasa con Andrés? —susurró mi prima en un tono cercano al cero absoluto.

—Que es un imbécil, eso es lo que pasa.

Violeta encajó la mandíbula y entrecerró los ojos.

—Lo sabía —dijo—; sabía que te caía mal desde que le conociste. Pues para que te enteres, Andrés es mil veces más maduro, culto e inteligente que tú. Lo que pasa es que le tienes envidia.

Le dediqué mi mejor sonrisa sarcástica.

—Ya, pues hablando de envidia, ten cuidado con tu chico, porque se le salen los ojos cada vez que ve a Elena. Solo le falta babear.

—Eso es mentira —replicó, dando una patadita en el suelo—. Eres..., eres insoportable.

—Afortunadamente, tú eres un encanto —dije.

Y salí dignamente de la habitación. Me habría encantado dar un portazo, pero no lo hice.

✳ ✳ ✳

Supongo que si hubiera sabido ver las cosas con perspectiva habría comprendido lo que estaba pasando, pero en aquel momento la única conclusión que saqué fue que mi prima se había chiflado. El caso es que la vida en Villa Candelaria se volvió incómoda, con Violeta y yo sin dirigirnos la palabra. La decisión de regresar a Madrid había quedado olvidada a raíz de mi relación con Elena. Sin embargo, después de la bronca con Violeta me habría largado sin dudarlo un instante. Pero eso supondría separarme de Elena, así que me quedé. No obstante, los demás habitantes de la casa acabaron advirtiendo el mal rollo que nos traíamos mi prima y yo. El jueves a primera hora de la tarde, mientras estaba leyendo en el salón, Azucena se sentó a mi lado y preguntó:

—¿Qué os pasa a Violeta y a ti?

Dejé el libro sobre el regazo y suspiré.

—Pues pasa que tu hermana se ha vuelto loca —dije.

—Eso está claro desde hace tiempo —sonrió ella—. ¿Pero qué ha pasado ahora en concreto?

Volví a suspirar y se lo conté todo. Cuando acabé, Azucena se quedó pensativa unos segundos y luego se echó a reír.

—¿Te parece gracioso? —pregunté.

—La verdad es que sí, mucho —respondió ella—. Sois tan tontos los dos... No entendéis nada.

—¿Ah, sí? Pues explícamelo.

Negó con la cabeza.

—Ya os acabaréis dando cuenta vosotros mismos —dijo—. ¿Qué tal va tu cacería del fantasma de la Mansión Kraken?

—¿Cómo sabes eso? —pregunté.

—Me lo contó Violeta.

—Pues la verdad es que no va de ninguna manera. Además, supongo que tú no crees en fantasmas.

—Claro que creo. Cuando era pequeña veía uno.

—¿El de Beatriz Obregón?

Asintió con un cabeceo.

—Cuando no podía dormir o tenía miedo, ella venía a mi cama y me cantaba una nana.

—¿Y la oías?

—Sí.

—Yo nunca pude oírla; solo llegué a verla en una ocasión, nada más.

—Era muy dulce —dijo—. Luego, cuando crecí, dejó de aparecérseme. —Se puso en pie—. No te preocupes por Violeta —añadió—; los enfados le duran mucho, porque es una cabezota, pero siempre se le pasan. En cuanto a ti, sigues siendo tan tonto como cuando tenías quince años.

Dicho esto, se dio la vuelta y se largó.

* * *

El viernes, Rosa y su novio Gabriel, el mejor de los Mendoza, regresaron de Estados Unidos. Ella, que seguía tan guapa como siempre, o más, se alegró de verme, me abrazó y me dio dos besos. Gabriel me dio un abrazo y me dijo que teníamos que ir a tomar unas cervezas; pero teniendo en cuenta la borrachera que nos agarramos hacía cuatro años, y la consiguiente resaca, me prometí a mí mismo no hacerlo, aunque a él le dije que sí. Ambos me estaban muy agradecidos porque, al encontrar las Lágrimas de Shiva, había facilitado su relación. Me alegro de que fuera así.

El sábado, Margarita se fue de vacaciones a Cuba con un grupo de compañeros revolucionarios. Supongo que anhelaba conocer de cerca el «paraíso socialista» de Fidel Castro. Le deseé suerte. Ese mismo sábado, después de comer, tío Luis me anunció que ya había acabado el segundo modelo de cohete.

Fuimos a probarlo esa tarde al mismo sitio que la anterior vez, aunque en esa ocasión solo le acompañamos Azucena y yo. Bajamos el cohete del todoterreno, lo montamos sobre la plataforma de despegue, conectamos el cable y nos situamos detrás del vehículo. Tío Luis me entregó el disparador, Azucena realizó la cuenta atrás y, al llegar a «ignición», apreté el botón.

Un chorro de llamas brotó de la tobera y el cohete se elevó majestuosamente... unos cinco metros; acto seguido, se inclinó hacia un lado, hizo un tirabuzón y se estrelló contra el suelo. Luego explotó.

Un silencio fúnebre se extendió entre nosotros. Creo que hasta los pájaros enmudecieron. Azucena comenzó a decir algo, pero tío Luis la acalló con un gesto. Después, se aproximó a los restos del cohete y comenzó a patearlos mientras mascullaba un torrente de improperios. Finalmente, recuperó la compostura y regresó junto a nosotros.

—Ni una palabra, por favor —dijo.

Recogimos los trozos del cohete, los guardamos en la trasera del todoterreno y regresamos a la ciudad.

—El siguiente volará —murmuró tío Luis al cabo de unos minutos.

Y siguió conduciendo en silencio, con las manos aferradas al volante, la vista clavada en la carretera y una expresión de determinación en la mirada. Era la mirada de un hombre en lucha contra los motores que explotan y la ley de la gravedad, un hombre absolutamente decidido a superar cualquier obstáculo para conseguir que un cohete suyo volara. Así era mi tío.

* * *

Entre tanto, mi romance con Elena seguía viento en popa. Con frecuencia he dicho que los hombres somos tontos, y yo por aquel entonces era el perfecto ejemplo de eso. Voy a confesar algo: salir con Elena me hacía sentir más importante. Cuando paseábamos juntos, todas las miradas se centraban en nosotros. Vale, en nosotros no, en ella. Pero acto seguido me miraban a mí y debían de pensar: algo debe de tener ese tío tan vulgar para conseguir salir con semejante bombón. Era como si ascendiese de categoría. ¿Quiere eso decir que Elena era para mí una especie de trofeo? Pues en parte sí, y me avergüenza confesarlo.

Pero había mucho más, por supuesto. Elena era divertida, puro optimismo; a su lado los problemas se esfumaban y todo parecía fácil. Resultaba muy cómodo estar con ella; cómodo, excitante y placentero. Visto con la perspectiva del tiempo, no es de extrañar que yo estuviera tan penosamente atontado.

Aunque no todo era miel y azúcar. El padre de Elena había llegado ese mismo sábado de Madrid y no pudimos quedar. Después del fallido intento de lanzamiento, a última hora de la tarde, salí a dar una vuelta. Paseé por el Sardinero, me tomé un helado y, cuando empezó a oscurecer, regresé a Villa Candelaria. Y ahí iba yo, tan tranquilo, pensando en mis cosas (es decir, en Elena), cuando de repente alguien se interpuso en mi camino.

Tenía veintitantos años, era alto, muy alto y muy fornido; llevaba el pelo engominado, una americana cruzada azul marino, camisa blanca con el cuello abierto, pantalones de color *beige* y mocasines Castellanos.

—Me llamo Mariano Sánchez-Olmedo de Villacastín —dijo, mirándome desde lo alto con el ceño amenazadoramente fruncido—. Soy el novio de Elena.

Más tarde supe que Mariano era el primogénito de los condes de no sé qué. También supe que practicaba atletismo, remo, vela y una serie de deportes que no habían hecho más que acumular músculos en su anatomía. El caso es que ahí tenía al exnovio de mi chica, el resultado de generaciones y generaciones comiendo proteínas de primera, una mala bestia que podía hacerme picadillo sin despeinarse. No es extraño, pues, que me quedara mudo mirándole como un pajarillo asustado, con las piernas convertidas en tallarines cocidos. Estaba convencido de que me iba a matar.

Pero no me mató; en vez de eso, hizo algo más sorprendente. De pronto, dejó caer la cabeza y se echó a llorar. Mientras las lágrimas le corrían por la cara, gimoteaba, hacía pucheritos y decía cosas como: «La añoro», «No puedo vivir sin ella» o «Me quiero morir». No supe reaccionar y me quedé mirando cómo aquel tipo grande como un castillo se deshacía en sollozos. La gente pasaba por nuestro lado y nos contemplaba con curiosidad; algunos me dirigían miradas de reprobación, como si yo le hubiera hecho algo a ese mastodonte. Al final, le di unas palmaditas en un hombro mientras le decía:

—Venga, no pasa nada, ea, ea...

Pero Mariano no dejaba de llorar y la gente no dejaba de mirarnos, así que le agarré de un brazo, lo llevé a un bar cercano, lo senté a una mesa y pedí para él una copa de coñac (y otra para mí; demasiadas emociones). Mariano se tomó su bebida de un trago y poco a poco fue calmándose. Cuando las lágrimas dejaron de fluir, me dedicó una mirada llena de reproche y dijo:

—Me has quitado al amor de mi vida...

Dejé escapar un suspiro.

—Yo no te he quitado nada —respondí—, porque Elena no era tuya, ni es mía. Además, cuando empezamos a salir, ella ya te había dejado.

Error, no debía haber dicho eso, porque Mariano se echó a llorar de nuevo. Cuando al cabo de unos minutos volvió a calmarse, me dedicó una mirada de carnero degollado y dijo:

—Tienes razón, la culpa es mía. Pero es que no sé qué he hecho mal...

—¿Ella qué te dijo?

—Que era demasiado posesivo.

—Pues será eso, ¿no te parece?

—Es que la quiero tanto...

—Ya, pero no puedes asfixiar a tu pareja. Eso no es amor, sino posesión. Por ejemplo, deberías dejar de seguirla, porque cuando lo haces se siente acosada.

Estuve tanto rato dándole consejos amorosos que empecé a sentirme como Elena Francis[4]. Finalmente, Mariano me dio las gracias, nos despedimos con un apretón de manos y se marchó con la cabeza gacha y los hombros caídos.

Reconozco que me dio pena; no hay nada más triste que un corazón roto.

* * *

Al día siguiente, el domingo por la tarde, volví a quedar con Elena, pero no le conté mi encuentro con su exnovio. ¿Para qué? No quería que nada enturbiara nuestra relación, no quería que nada me bajara de la nube en la que me había instalado. De hecho, estaba tan ensimismado en mi romance que me había olvidado por completo de los motivos por los que me encontraba en Santander: los documentos perdidos, el misterioso fantasma de la Mansión Kraken, el Círculo Escarlata... Fue la propia Elena quien, esa misma tarde, me hizo poner los pies en la tierra.

—Mi padre está muy preocupado —dijo—. Si no aparecen los títulos de propiedad, lo más probable es que perdamos la herencia.

Asentí comprensivamente.

—Ya los hemos buscado —respondí—, y no hay ni rastro de ellos. Lo hemos intentado todo.

---

[4] El consultorio sentimental de Elena Francis fue un famoso programa de radio que estuvo en antena desde 1947 hasta 1984.

—Todo no —replicó—. Aún no has intentado contactar con el fantasma.

Un escalofrío me recorrió la espalda.

—Pero ya sabemos que no es el espíritu de Melquiades Salazar —objeté.

—Sí, pero Violeta dice que, como el fantasma habita en la casa, tiene que saber qué hizo Melquiades con sus papeles. ¿Por qué no lo intentas?

¿Qué podía decirle? ¿Que el espíritu de la Mansión Kraken me infundía terror? ¿Que si por mí fuese no volvería a pisar aquella casa en mi vida? No, no podía decirle eso, no quería quedar como un gallina delante de ella. Así que puse cara de machote y dije:

—Vale, lo intentaré.

—¡Genial! —exclamó ella—. ¿Cuándo?

—Pues no sé...

—¿Mañana?

Titubeé buscando una excusa, pero no encontré ninguna convincente.

—Vale, mañana —dije con muy poquita seguridad.

—¡Genial! —repitió ella.

Y me dio un largo y apasionado beso. Aunque aquel beso, por primera vez, no me hizo sentir nada. Estaba demasiado asustado incluso para el amor.

11. Terror en la Mansión Kraken

Puede que mi temor a la Mansión Kraken parezca excesivo; a fin de cuentas, no había visto nada extraño allí, ninguna aparición, ni una sombra siquiera. Pero el olor nauseabundo, el frío y los golpes brutales no auguraban nada bueno. Además, tenía la sensación de que yo no le gustaba a lo que sea que moraba en esa casa. Para colmo de males, a Elena se le había metido en la cabeza que el mejor momento para establecer comunicación con un espíritu era por la noche. A mí me apetecía tanto meterme en esa casa de noche como sacarme una muela sin anestesia, de modo que insistí en que daba igual hacerlo a plena luz del día. Al final, lo máximo que conseguí fue intentar el contacto al anochecer.

Finalmente, el lunes a eso de las nueve y cuarto, Elena y yo nos metimos en el Mini y nos dirigimos a la Mansión Kraken. Llegamos cuando el sol estaba a punto de cruzar la frontera del horizonte; Elena aparcó frente a la entrada de la casa, desconectó el motor y durante un largo minuto nos quedamos inmóviles y callados.

—Bueno —dije—, será mejor que entremos mientras todavía haya algo de luz.

Elena giró la cabeza y me miró con cara de niña buena.

—¿Te importa entrar tú solo, Javier? —dijo—. Es que esa casa me da mucho miedo...

Claro que me importaba; ya me asustaba entrar acompañado, así que hacerlo solo ni te cuento. Pero mi estúpido sentido de la masculinidad me obligó a decir despreocupadamente:

—Vale, no te apures. Espérame aquí.

Salí del coche y me dirigí a la entrada. En aquel momento ni se me pasó por la cabeza; lo pensé más tarde: Violeta me habría acompañado. Pero, como digo, entonces estaba demasiado atemorizado para pensar en nada. Y, si lo hubiese pensado, no habría sabido qué significaba. Introduje la llave en la cerradura, abrí la puerta y, estirando el brazo, encendí la luz del vestíbulo. Respiré hondo, contuve el aliento y entré.

No sucedió nada. Exhalé el aire, crucé el vestíbulo y abrí la puerta que daba al salón. La estancia, levemente iluminada por las luces del ocaso, parecía igual que siempre. No se oían ruidos, no hacía frío, no olía a nada. Encendí las luces y me adentré unos pasos. ¿Qué lugar de la casa sería más adecuado para intentar invocar a un espíritu? Supuse que daba igual, así que decidí quedarme en el salón; sobre todo porque estaba cerca de la salida.

—Aquí estoy —dije en voz alta—. Quiero hablar con el ente que mora en esta casa.

Aguardé más de un minuto, pero no sucedió nada.

—Vamos, estoy esperando —insistí.

A lo lejos se escuchó un crujido y casi di un brinco. Pero solo era un ruido normal en una casa vieja. Paseé la mirada por el salón, por los viejos muebles, los cuadros con paisajes en las paredes, las alfombras... Todo seguía igual.

—A ver, ya sé que puedes dar golpes —dije—. Hazlo, da un golpe, solo para saber que estás ahí.

Silencio absoluto.

—Por favor, quiero preguntarte algo.

Ninguna respuesta. Empezaba a sentirme ridículo, hablando solo; y al mismo tiempo me sentía aliviado, porque si Violeta tenía razón y se trataba del espíritu de Aníbal Salazar..., en fin, no tenía las menores ganas de relacionarme con un negrero sádico, ni en cuerpo físico ni en ectoplasma. Dejé pasar unos minutos y dije:

—Por última vez: manifiéstate.

Nada ni nadie se manifestó. Qué le vamos a hacer, pensé, lo había intentado y no había conseguido nada; era hora de largarse.

De repente, un jarrón de cristal que estaba sobre un velador salió proyectado a toda velocidad y se hizo añicos contra una pared.

El corazón me dio un vuelco.

Un instante después, las luces se apagaron.

* * *

Me quedé paralizado en la oscuridad, con el corazón latiéndome desbocado en el pecho. A través del ventanal debería haberse filtrado alguna claridad, por tenue que fuese; pero no, eran unas tinieblas negras como la tinta de un calamar. Era la negación absoluta de la luz.

La temperatura bajó bruscamente. Un olor nauseabundo comenzó a extenderse, olor a carne podrida, a excrementos, a vegetación descomponiéndose. Se me erizó el vello del cuerpo y una sucesión de escalofríos me recorrió la columna vertebral como descargas eléctricas.

De pronto, una extraña luminosidad surgió frente a mí, un resplandor verdoso y malsano que fue creciendo hasta convertirse en un espectral torbellino de luz. Yo no podía moverme, no podía apartar los ojos de aquella luminiscencia sobrenatural. Era como un ratón hipnotizado por la mirada de una serpiente.

Poco a poco, una imagen comenzó a formarse en el resplandor; primero desenfocada, turbia, y unos instantes después con aterradora nitidez. Era un ser humanoide, aunque totalmente ajeno a la humanidad. Tenía la piel verde, cubierta de escamas de aspecto gelatinoso. Sus brazos acababan en afiladas garras, y dos alas largas y estrechas le surgían de la espalda. Y su rostro..., su rostro era como un pulpo, con un amasijo de tentáculos retorciéndose donde debería haber estado la barbilla, y dos ojos inexpresivos y helados similares a los de los tiburones.

Creí que el corazón se me saldría por la garganta; quise gritar, pero no puede. El pánico más abrasador se había apoderado de mí. Súbitamente, el estruendo de un golpe hizo vibrar los mismísimos cimientos de la casa, y los golpes siguieron repitiéndose con pavorosa cadencia. El monstruo clavó sus inhumanos ojos en los míos y empezó a avanzar hacia mí.

Venciendo al fin la parálisis, retrocedí apresuradamente, tropecé con una silla y caí al suelo; seguí retrocediendo, arrastrándome, hasta que mi espalda chocó contra la pared. El hedor casi me impedía respirar, el frío me calaba los huesos, el estruendo de los golpes hería mis tímpanos. Ominoso, el monstruo se cernía sobre mí. Alcé los brazos, aterrorizado, en un gesto de defensa y cerré los ojos.

Loco de espanto, aguardé a que las garras de aquella bestia atroz se clavaran en mí, pero... De repente, un nuevo aroma se sobrepuso a la fetidez de cloaca. Olía..., ¡olía a nardos! El estruendo de los golpes cesó. El hedor desapareció. El frío se disipó.

Abrí los ojos. Frente a mí, la figura fantasmal de una mujer vestida de blanco se interponía entre el monstruo y yo. Me daba la espalda y tenía los brazos en jarras. ¡Era el espíritu de Beatriz Obregón! Contuve el aliento.

Beatriz alzó un dedo en dirección a la bestia, como si la reprendiera, y poco a poco, el verdoso y malsano resplandor fue menguando hasta desaparecer. Entonces, el fantasma de Beatriz se dio la vuelta, se inclinó hasta que su rostro quedó a la altura del mío, sonrió, hizo un gesto con la mano señalando hacia el lugar donde había estado la bestia y, sin dejar de sonreír, movió la cabeza de un lado a otro.

Súbitamente, las luces se encendieron, dándome un susto de muerte (otro) y obligándome a guiñar los ojos. Cuando recuperé la visión, Beatriz ya no estaba ahí. Afortunadamente, tampoco había rastro del monstruo. Durante unos segundos, me quedé tirado en el suelo con la cabeza dándome vueltas, incapaz de reaccionar. Hasta que, de repente, como si un relé hubiera saltado en mi interior, me incorporé bruscamente y abandoné la maldita Mansión Kraken a toda prisa. Ni siquiera apagué las luces, ni me paré a cerrar la puerta con llave. Di un portazo, bajé corriendo los escalones, me metí en el Mini y dije:

—Vámonos.

Elena me miró con extrañeza.

—¿Qué ha pasado? —preguntó.

—¡Vámonos, por favor! —grité.

Parpadeó, sorprendida, pero no dijo nada. Arrancó el coche, recorrió el sendero y se detuvo en el portalón.

—No te pares —dije.

—Es que tengo que cerrar la verja...

—Vámonos ya, por favor —musité suplicante.

Me dedicó una mirada teñida de preocupación, arrancó y recorrimos en silencio el mal asfaltado camino hasta desembocar en la carretera; giró a la izquierda y puso rumbo a la ciudad. A los pocos metros, grité:

—¡Para, para, para!

Elena dio un frenazo y detuvo el Mini en el arcén. Bajé a toda prisa, me doblé sobre mí mismo y vomité hasta la primera papilla. Ella descendió del coche, posó una mano en mi hombro y me entregó una toallita de papel.

—¿Te encuentras bien? —preguntó.

—No —respondí con un hilo de voz mientras me limpiaba la boca.

—Me estás asustando, Javier. ¿Qué ha pasado?

Respiré hondo varias veces para intentar calmarme.

—Necesito una copa —dije—. Llévame a algún bar, por favor.

* * *

Nos dirigimos a la cafetería del Hotel Sardinero. Lo primero que hice fue ir al servicio y mirarme al espejo, temiendo que el pelo se me hubiera vuelto blanco por el miedo que había pasado. Pero no, seguía del mismo color; aunque lo que sí tenía blanco era el rostro. Yo mismo parecía un fantasma.

Abrí el grifo, me lavé la cara y regresé a la cafetería. Elena se había sentado a una mesa; me acerqué a la barra, pedí una copa de coñac y me la bebí de un trago. Pedí otra copa y me senté junto a Elena. Durante unos minutos permanecimos en silencio; yo con la mirada perdida y ella mirándome a mí.

—¿Estás mejor? —me preguntó Elena.

—Sí.

Un nuevo silencio.

—Me tienes sobre ascuas, Javier. ¿Qué ha pasado? ¿Has visto al fantasma?

Solté una risa muy poquito alegre.

—¿Que si lo he visto? Me he hinchado de verlo.

—¿Y cómo es?

Respiré hondo, di un largo trago al coñac y le conté todo lo que había ocurrido desde que entré en la Mansión Kraken hasta que salí de ella huyendo asustado. Cuando terminé, Elena estaba pálida.

—Dios mío —murmuró—, qué horror...

Asentí.

—Lo siento, Elena —dije—; no hemos encontrado los documentos de Salazar, pero no pienso volver a entrar en esa casa.

—No me extraña, pobrecito...

Se abrazó a mí y me besó en una mejilla. Sin embargo, aquella noche yo no estaba para abrazos, ni para besos, ni para caricias. Lo único que quería era poner la mayor distancia posible entre la Mansión Kraken y yo.

Poco después, Elena me llevo a Villa Candelaria. Al entrar en la casa, tía Adela dijo que me había guardado la cena. Le contesté que no tenía hambre y me encerré en mi dormitorio. Durante un rato estuve tumbado en la cama, con la mirada fija en el techo, rememorando a mi pesar lo que había vivido en la mansión. Luego me cansé de darle vueltas, así que me desvestí, me metí en la cama e intenté leer, pero no podía concentrarme. Finalmente, apagué la luz y cerré los ojos. Tardé una enormidad en dormirme y, cuando lo conseguí, tuve sueños inquietos, agitados por pesadillas que me despertaban cada poco.

Y, entre tanto, una vocecita en mi interior decía: «¿Eres idiota, Javier? A ti, precisamente a ti, ¿no te recuerda a algo todo esto?». Pero estaba demasiado asustado para prestar atención a estúpidas vocecitas interiores.

* * *

Me desperté muy temprano, me duché, me vestí e hice tiempo en el dormitorio hasta que oí a mis familiares bajar a la cocina. Desayuné con mis tíos,

Rosa, Azucena y Violeta. Rosa nos contó anécdotas de su vida en Estados Unidos, lo que impidió que el desayuno fuera demasiado tenso, porque Violeta no solo no me dirigía la palabra; es que ni me miraba.

Violeta fue la primera en terminar; se levantó sin decir nada y abandonó la cocina. Fui tras ella a toda prisa; la alcancé a la altura de la escalera.

—Espera, Violeta; tengo que decirte algo.

Giró la cabeza y me contempló con dignidad.

—Tú y yo no tenemos nada que hablar —respondió en tono gélido.

¿Pero por qué demonios estaba tan enfadada conmigo?, me pregunté por enésima vez.

—Anoche estuve en la Mansión Kraken —dije—. Y... lo vi.

El rostro de mi prima pasó en un instante del desdén al interés.

—¿Al fantasma? —preguntó.

—Sí.

—¿Y cómo...?

La interrumpí con un ademán.

—Vamos fuera y te lo cuento.

Salimos al jardín y nos sentamos en el banco de piedra. Por la noche había llovido y olía intensamente a vegetación húmeda. Me encantaba ese olor, me encantaba el olor de Santander. Respiré hondo y comencé a hablar; cuando se lo hube contado todo, Violeta se me quedó mirando con los ojos como platos.

—¿Te salvó el espíritu de Beatriz Obregón? —dijo, asombrada.

—Bendita sea esa mujer —asentí.

—Y el fantasma es un monstruo... Qué raro. —Se quedó pensando unos segundos—. ¿Era como los monstruos del manuscrito?

«Ata cabos, imbécil», dijo mi vocecita interior.

—No, ya te lo he descrito. Tenía alas, garras y la cabeza como un pulpo...

«¡Cabeza de pulpo!», gritó la vocecita. «¿Es que no lo entiendes?».

De repente, una revelación estalló en mi cabeza como una bomba atómica. Enmudecí con la boca abierta, asombrado.

—¡Era Cthulhu![5] —exclamé.

—¿Qué?

—Que el fantasma, el monstruo, era Cthulhu. ¡Es increíble!

—¿Qué es «Cthulhu»?

—Un ente extraterrestre, una especie de dios cósmico creado por Lovecraft.

Violeta me miró cada vez más desconcertada.

—¿Lovecraft?

—H. P. Lovecraft —dije; y aclaré—: Howard Phillips Lovecraft, un escritor norteamericano de terror y ciencia ficción. Inventó a Cthulhu, ¿no lo entiendes?

Negó con la cabeza.

—No, no entiendo nada.

—Pues está claro. Anoche vi un monstruo que era igual a un bicho inventado por un escritor. O sea, que vi algo que no era real.

---

[5] Se pronuncia, más o menos, como una mezcla entre «Catulu y «Cazulu».

—¿Quieres decir que alucinaste?

—No, vi lo que vi; pero no era real... —De repente recordé algo y exclamé—: ¡Las revistas!

—¿Qué revistas?

—Las que encontramos en la biblioteca de Salazar. Varios ejemplares de *Narraciones Terroríficas*; estoy seguro de que en uno o dos de ellos había relatos de Lovecraft. Y también un montón de ejemplares de *Weird Tales*, donde solía publicar Lovecraft. —Reflexioné durante unos instantes—. Y el manuscrito del Círculo Escarlata, ya decía yo que me sonaba. Se parece a lo que escribía Lovecraft. De hecho... ¿A qué universidad pertenecía el profesor Corrigan?

—Yo qué sé, no me acuerdo.

—¿Dónde tienes el manuscrito?

—En el dormitorio. Pero...

—Vamos a por él —la interrumpí.

Subimos a la habitación de Violeta. Ella sacó del escritorio el texto mecanografiado y me lo entregó. Lo revisé a toda prisa.

—¡Aquí está! —exclamé, señalando un párrafo—: «Mr. Howard Scott Corrigan, profesor de Historia Antigua en la Universidad de Miskatonic (Massachusetts)».

—¿Y qué?

—¡Pues que la universidad de Miskatonic no existe! —respondí—. ¡También se la inventó Lovecraft!

Violeta se cruzó de brazos y me contempló con el ceño fruncido.

—Te estás poniendo pesadito con el tal Lovecraft —dijo en tono malhumorado—. ¿Adónde quieres ir a parar?

No le hice ni caso.

—Y aún hay más —dije, pensando en voz alta—. Cuando apareció, Beatriz Obregón se interpuso entre Cthulhu y yo. Me daba la espalda y tenía los brazos en jarras; entonces, alzó una mano con el dedo índice extendido, como si regañara al monstruo..., ¿entiendes?

—No, no entiendo nada. Y me estás poniendo de muy mal humor.

—A los monstruos no se los regaña, Violeta; no tiene ningún sentido regañar a un monstruo. No coges a un hombre-lobo y le dices: «Perrito malo, te has comido al vecino». Uno se enfrenta a un monstruo..., bueno, no sé cómo, pero desde luego no agitando un dedo delante de sus fauces.

Mi prima cerró los ojos y respiró profundamente.

—Mira, Javier; o te has chiflado definitivamente, o te estás haciendo el interesante, y ninguna de las dos posibilidades me gusta. Además, sigo enfadada contigo.

—No, no y no —dije, señalándola con un desafiante dedo—. Ni me he chiflado ni me hago el interesante. Lo que estoy haciendo es resolver el misterio de la Mansión Kraken. Y tú puedes estar todo lo enfadada conmigo que quieras, porque tienes un carácter de mil demonios y no hay dios que te entienda, pero yo, ahora, voy a buscar las pruebas que necesito. Que tengas un buen día.

Y salí dignamente de la habitación.

* * *

Telefoneé a Elena para decirle que no podríamos vernos en todo el día. No le conté mis sospechas; no pensaba hacerlo hasta que tuviese las pruebas. Luego hice lo que tendría que haber hecho desde el principio: fui a la hemeroteca municipal y me puse a revisar los periódicos locales de 1953. Finalmente, a primera hora de la tarde, encontré lo que estaba buscando en un ejemplar de *El Diario Montañés* del cuatro de noviembre de aquel año. Casi di un grito de alegría en la sala de lectura.

Acto seguido, me dirigí al domicilio de Rosario Martínez, la antigua criada de Melquiades Salazar, y le hice la pregunta que debería haberle hecho la primera vez que la vi. Rosario no solo me dio la respuesta, sino que además me facilitó una dirección de Puente Viesgo, un pueblo del interior de Cantabria que se encuentra a unos cuarenta kilómetros de Santander. Ya era tarde para ir allí, así que regresé a Villa Candelaria al atardecer. Poco después apareció Violeta y me preguntó:

—¿Vas a seguir haciéndote el misterioso o vas a contarme de una vez lo que pasa?

—Aún me faltan unos datos —respondí, disfrutando sádicamente al frustrar su curiosidad—. A lo mejor, si eres buena, mañana te lo cuento todo.

Se enfadó mucho conmigo; lo más bonito que me llamó fue «niñato estúpido», pero no le hice el menor caso. El momento de mi triunfo estaba cerca.

Al día siguiente, por la mañana, compré un billete de autobús y me dirigí a Puente Viesgo. Allí hablé largo rato con una mujer viuda; fue muy amable conmigo, incluso me invitó a comer. Cocinaba de maravilla.

Así fue cómo resolví el misterio de la Mansión Kraken, o al menos parte de él.

12. Carlos

Regresé de Puente Viesgo a eso de las cinco de la tarde. Violeta estaba con Andrés en el jardín de Villa Candelaria, sentados en el banco; al verme llegar, ella se incorporó y me espetó:

—¿Lo que me has contado es otra de tus estúpidas bromas, Javier? Porque no me hace ni pizca de gracia.

Andrés soltó una risita y dijo en tono burlón:

—Tu prima me ha contado que la otra noche viste un monstruo. Uhh, qué miedo...

Y se echó a reír como el imbécil que era. La miré a ella, le miré a él; estaba harto del mal humor de Violeta, y hasta las narices de los sarcasmos de su chico. Podría haberme explicado, podría haberles contado todo lo que había descubierto, pero se me ocurrió algo mucho mejor.

—Quizá sea una broma —dije con una medio sonrisa—. Quizá no. Puede que la otra noche viera un monstruo, o puede que me lo haya inventado. Quién sabe, a lo mejor hay un auténtico fantasma en la Mansión Kraken. O no. Pero os diga lo que os diga, ¿por qué vais a creerme? —Simulé que reflexionaba—. Se me ocurre algo: ¿qué os parece si vamos hoy al anochecer a la mansión? Los tres juntitos, ¿vale?

Violeta me miró con extrañeza.

—Ayer jurabas que no volverías a pisar esa casa —dijo.

—Ya; pues mira, he cambiado de idea. Vamos allí, invocamos al fantasma y... —Señalé a Andrés—. Bueno, como tú sabes que no existen los fantasmas, no pasará nada y así se demostrará lo listo que eres y lo burro que soy yo. ¿Qué te parece?

La sonrisa irónica que flotaba en los labios de Andrés vaciló.

—Una tontería, eso me parece —dijo—. No voy a perder el tiempo en una casa vieja.

—¿Tienes algo mejor que hacer?

—Sí, cualquier otra cosa.

—Pues es una mansión muy interesante. Cuando estuviste no entraste en la biblioteca, y a un tío tan culto como tú le tiene que encantar.

Andrés, ya sin sonreír, negó con la cabeza.

—No voy a ir —dijo—; es una bobada.

Le contemplé con una ceja alzada.

—¿Hay miedo? —pregunté.

Andrés miró a Violeta, que se encogió de hombros, me miró a mí y sacudió la cabeza.

—Como queráis —aceptó en tono de resignación—. Hagamos chiquilladas.

—Genial —dije—. Pues quedamos aquí mismo a las nueve. —Señalé a Violeta—. No te olvides de traer el manuscrito. Lo vamos a necesitar.

Me di la vuelta y eché a andar hacia mi dormitorio, con el propósito de leer un rato y, quizá, echarme una siesta tardía. Esa noche iba a ser intensa.

* * *

Telefoneé a Elena y le conté lo que íbamos a hacer. Le dije que no había ningún peligro, pero no acabó de creerme.

—Esa casa me da miedo, Javier —dijo—. Sobre todo después de lo que te pasó a ti.

—Pero no fue real —insistí—. En la mansión no hay ningún monstruo. Un fantasma sí, pero no el fantasma que creíamos.

No pude convencerla y, al final, quedamos en que le contaría al día siguiente lo que había pasado y mis averiguaciones. Fui a mi cuarto y me tumbé en la cama, pero no conseguí conciliar el sueño. Supongo que, después del pánico que había pasado en la Mansión Kraken, y aunque sabía que todo era muy distinto a lo que parecía, la idea de regresar a esa casa encantada me ponía nervioso.

Pasé la tarde leyendo; de vez en cuando dejaba el libro a un lado y me quedaba escuchando los ruidos procedentes de la casa; en concreto, el martilleo que sonaba en el sótano. Me imaginé a mi tío trabajando en su taller, como un científico loco, empeñado en construir un cohete que por fin alzase el vuelo.

A las nueve menos cinco, salí de mi habitación, bajé la escalera y me dirigí al jardín. Anochecía. Violeta y Andrés ya estaban allí, esperándome.

—¿Nos vamos? —pregunté.

—¿Por qué no nos dejamos de tonterías y tomamos algo por ahí? —propuso Andrés.

—Venga, que no tardaremos mucho —repliqué con una sonrisa más falsa que un billete del Monopoly—. Vamos a la mansión, comprobamos que soy un idiota y luego nos tomamos lo que quieras.

Violeta no dijo nada, pero no dejó de mirarme con recelo, como si sospechara que tramaba algo. Y, bueno, tenía razón: tramaba algo. Entramos en el coche, Andrés arrancó y partimos rumbo a la Mansión Kraken. Tras unos minutos de silencio, Violeta me preguntó:

—¿Qué vas a hacer cuando lleguemos?

—Tú misma dijiste que yo era una especie de médium, ¿no? —respondí—. Pues haré lo que hacen los médiums: invocar a los espíritus. —Puse voz cavernosa y exclamé—: ¡Espeeeectro, manifiééééstate!

Me eché a reír. Violeta, sentada en el asiento del copiloto, se giró hacia mí con el ceño fruncido y me advirtió:

—Como sea una broma, Javier, te juro que no vuelvo a dirigirte la palabra.

Le dediqué una sonrisa.

—Vale —dije—; estoy avisado.

* * *

Llegamos a la Mansión Kraken cuando el sol ya se había puesto. Cruzamos el portalón de la valla, que seguía abierto, seguimos el sendero y aparcamos frente a la casa.

—Las luces de la planta baja están encendidas —señaló Violeta.

—Culpa mía —dije—. La otra noche me fui tan deprisa que olvidé apagarlas.

—Porque te perseguía un monstruo —comentó Andrés en tono burlón.

—Sí —sonreí—; ya ves lo bobo que soy. Venga, vamos dentro.

Bajamos del coche, abrí la puerta con la llave, entramos en la casa y nos dirigimos al salón.

—¿Y eso? —dijo Violeta, señalando los trozos de cristal que había en el suelo.

—Un accidente con un jarrón —respondí.

Andrés miró a su alrededor y preguntó:

—Ya estamos aquí. ¿Y ahora qué?

Me acerqué a Violeta y le pregunté:

—¿Has traído el manuscrito? —Sacó del bolso los folios y me los entregó. Me incliné hacia ella y le susurré al oído—: Veas lo que veas, oigas lo que oigas, no puede hacerte daño, no es real. Recuérdalo: no es real.

A continuación, me di la vuelta y dije en voz alta:

—Eh, tú, el fantasma; quiero hablar contigo. —Silencio absoluto—. Venga, hombre —insistí—; no seas tímido.

No sucedió nada. Andrés dejó escapar un impaciente suspiro.

—¿Vamos a estar mucho más tiempo haciendo el idiota? —preguntó.

Le ignoré y seguí hablándole al vacío:

—¿Te damos miedo, fantasmilla? Aquí el amigo Andrés ni siquiera cree que existas, y a mí ya no me asustas. Venga, tontorrón, atrévete a aparecer si tienes narices.

—¿Eso es lo que entiendes por invocar a un espíritu? —dijo Violeta.

—Ya está bien de perder el tiempo, me largo —gruñó Andrés, comenzando a darse la vuelta.

Entonces, el brutal estruendo de un golpe sacudió al edificio. Violeta y su chico dieron un respingo y luego se quedaron paralizados. Yo me eché a reír.

—¡Así me gusta, chaval! —exclamé—. Pero ¿eso es todo lo que sabes hacer? Vamos, espero mucho más de ti.

Un nuevo estruendo. De pronto el ya familiar olor fétido inundó el salón. Andrés palideció y murmuró:

—¿Hay alguien escondido dando golpes y tirando bombas fétidas?

Sin hacerle caso, dije:

—Vaya pedos que te tiras, chaval. Das asco.

—¿Pero qué haces, Javier? —susurró Violeta, mirándome alucinada.

—¿Y ahora qué toca? —le dije al aire—. ¿El frío?

En efecto, la temperatura del salón bajó varios grados. Me eché a reír.

—Qué aburrido eres —dije—. Te repites como el ajo.

La lámpara que descansaba sobre un aparador salió volando por los aires y se estrelló contra la misma pared que el jarrón. Andrés, pálido como una sábana, soltó un grito. Violeta se encogió sobre sí misma. Comenzó a sonar una letanía de atronadores golpes.

—No solo hueles mal —grité—; además eres ruidoso.

—¿Te has vuelto loco, Javier? —musitó mi prima.

Entonces se apagaron las luces.

* * *

La verdad es que no las tenía todas conmigo. Estaba razonablemente seguro de que lo que estaba viendo, oyendo y oliendo no era real, pero aun así todo ese festival de fenómenos sobrenaturales resultaba muy, pero que muy inquietante. Fingí una carcajada y dije en tono burlón:

—Huy, qué miedo; has apagado la luz...

El estruendo de los golpes se incrementó. Acto seguido, una luminosidad fantasmagórica empezó a resplandecer ante nuestros ojos, creciendo, oscilando, retorciéndose como un amasijo de gusanos verdosos...

—Tranquila —le susurré a Violeta—; no es real.

La espectral luz adquirió poco a poco forma humanoide, convirtiéndose en un horrible ser con escamas, alas, garras y cabeza de pulpo. El monstruo comenzó a avanzar hacia nosotros. Violeta ahogó un grito. Andrés no lo ahogó; por el contrario, soltó un berrido, echó a correr y salió de la casa como alma que lleva el diablo. Creo que hasta el monstruo se quedó perplejo por su reacción. Pero solo por un instante, transcurrido el cual continuó su aterrador avance. Me adelanté unos pasos, interponiéndome entre aquella cosa y Violeta.

—Basta ya —dije—. No me das miedo.

—A mí sí... —gimió mi prima con un hilo de voz.

A lo lejos se escuchó el sonido del coche de Andrés al arrancar y partir a toda velocidad. El monstruo, que se había detenido un instante, clavó en mí su gélida mirada de tiburón y alzó sobre mi cabeza unas garras afiladas como navajas de afeitar. Los tentáculos que le brotaban de donde debería estar el mentón se retorcían como serpientes. Solté una carcajada (aunque en realidad estaba bastante más asustado de lo que aparentaba; ¿y si me equivocaba?).

—¿Así pretendes asustarme? —dije, devolviéndole la mirada a aquel engendro—. ¿Copiando los mitos de Cthulhu, copiando a Lovecraft? Vamos, Carlos, tú puedes hacerlo mucho mejor.

El monstruo se quedó inmóvil durante varios segundos y luego retrocedió unos pasos. El estruendo de los golpes bajó de intensidad. El hedor se hizo menos fétido. La temperatura subió un par de grados.

—Sí, sé quién eres —dije—. Te llamas Carlos Vidal Márquez y falleciste en esta casa hace veinte años, cuando tenías quince. Esta mañana he estado con tu madre; no le gustaría nada saber que te estás comportando así. —Alcé el manuscrito—. Tú escribiste esto, ¿verdad?

El monstruo permaneció inmóvil durante un largo minuto. Los golpes cesaron, la fetidez se desvaneció, la temperatura se caldeó. De pronto, la imagen de Cthulhu osciló y en su lugar apareció la silueta de un chico de quince años vestido con jersey y pantalón corto. Las sombras le ocultaban el rostro, impidiendo distinguir sus facciones.

—Hola, Carlos —dije—. Me alegro de conocerte al fin. Tengo muchas cosas que preguntarte.

El adolescente fantasma me contempló inmóvil durante unos segundos. Luego, tendió los brazos, me hizo un corte de mangas y se desvaneció en el aire. Un instante después, las luces volvieron a encenderse. Violeta dio un grito.

—Tranquila —dije, sujetándola por los hombros—. No pasa nada, se acabó.

Mi prima estaba pálida y temblorosa.

—No entiendo lo que ha pasado... —murmuró.

Suspiré y miré en derredor.

—Aquí ya no tenemos nada que hacer —dije—. Vámonos y te lo cuento por el camino.

***

Cuando salimos al jardín, Violeta se quedó mirando al lugar, ahora vacío, donde su chico había aparcado el vehículo y murmuró:

—Se ha ido...

—¿Qué?

—Que Andrés se ha ido y se ha llevado el coche...

—No importa; volveremos andando y así nos da el aire. ¿Qué tal estás?

Mi prima me miró, inexpresiva y pálida.

—No lo sé —respondió—. Estoy un poco mareada y tengo revuelto el estómago, pero sobre todo estoy hecha un lío. He visto algo horrible, y luego... no sé lo que he visto...

La tomé del brazo y echamos a andar, alejándonos de la casa.

—Comprendí que pasaba algo raro cuando me di cuenta de que el fantasma se parecía a Cthulhu —dije mientras caminábamos—. En fin, estaba claro que había una presencia fantasmal en la mansión, pero ¿un espectro idéntico a un monstruo de ficción? Eso no tenía sentido. Entonces lo relacioné con las revistas de terror que encontramos en la biblioteca, en las que había relatos de Lovecraft, y con el manuscrito de la habitación oculta, que se parecía mucho al estilo de Lovecraft.

—Y dale con Lovecraft... —murmuró ella.

—Es que es fundamental para entender esto —repliqué—. Pensé que debía de haber vivido alguien más en la mansión, alguien que era aficionado al género de terror y, en concreto, a H. P. Lovecraft. Alguien que murió allí. Pero tenía que haber sido antes de 1954, cuando Rosario Martínez, la asistenta de Salazar, entró a trabajar en la casa. Entonces me acordé de otra cosa: ¿recuerdas el baúl con juguetes viejos que encontramos en el trastero?

—Sí.

—Pensábamos que eran de Salazar, pero no puede ser. Melquiades fue niño a finales del siglo XIX, y esos juguetes no eran tan viejos, sino de mediados del XX o así.

Cruzamos el portón de entrada y me detuve para cerrarlo. Tras echarle el candado, continuamos caminando en dirección a la carretera general.

—Fui a la hemeroteca —proseguí—. La muerte del misterioso habitante de la mansión tenía que haberse producido entre principios de los años 40, que es la fecha de las revistas más recientes de la biblioteca, y enero de 1954. Así que comencé a revisar ejemplares de *El Diario Montañés* empezando por el final, es decir, por 1953. Afortunadamente, no tuve que consultar demasiados periódicos, porque encontré lo que estaba buscando en el ejemplar del cuatro de noviembre de 1953. Era una breve nota de prensa en la sección de sucesos; decía que el día anterior, el niño Carlos Vidal Márquez, de quince años de edad, había fallecido accidentalmente al caer desde la terraza de la Mansión Kraken.

—¿Quién era?

—La reseña no decía nada más, así que volví a ver a doña Rosario. Me contó que la anterior sirvienta de Salazar, Soledad Márquez, tenía un hijo llamado Carlos, y que el chico se había matado al caerse mientras jugaba en la terraza de la mansión. Debido a esa desgracia, la señora Márquez dejó el empleo y, poco después, doña Rosario la sustituyó.

—¿Eso es todo? —preguntó Violeta.

—No, no, qué va. Doña Rosario también me dio la dirección de Soledad Márquez. La mujer vive en Puente Viesgo y esta mañana he hablado con ella.

Habíamos llegado a la carretera general y caminábamos por el arcén en dirección a la ciudad. Guardé un prolongado silencio. De vez en cuando algún coche nos iluminaba con sus faros.

—¿Ya te estás haciendo el interesante otra vez? —dijo Violeta con el ceño fruncido.

Tenía razón, me estaba haciendo el interesante. Carraspeé.

—Esta mañana —dije—, cogí un autobús, fui a Puente Viesgo y hablé con la señora Márquez, la madre de nuestro fantasma...

* * *

Soledad Márquez vivía a las afueras del pueblo, en una casita situada cerca de la orilla del río Pas. Era una mujer bajita y delgada, vestida de negro, con los blancos cabellos recogidos en un moño. Tenía cincuenta y cinco años, pero aparentaba muchos más, quizá a causa de las dos tragedias que habían marcado su vida: las muertes de su esposo y de su hijo.

Le dije que trabajaba para un historiador llamado..., da igual, me inventé un nombre; un historiador que iba a escribir la biografía de Melquiades Salazar, y yo colaboraba con él recopilando datos. Doña Soledad fue muy amable, tanto que me sentí avergonzado por engañarla; aunque en mi defensa alegaré que tampoco parecía muy apropiado soltarle de sopetón que su hijo se había convertido en un fantasma.

Me invitó a pasar a su casa y, mientras preparaba café, me contó que, cuando dejó la Mansión Kraken, regresó a Puente Viesgo, su pueblo natal, y desde entonces trabajaba en la granja de unos familiares. Una vez preparado el café, lo sirvió en sendas tazas y nos sentamos en la cocina, cada uno a un lado de una mesa cubierta con un mantel de hule a cuadros blancos y rojos.

—Pregúntame lo que quieras —dijo tras darle un sorbo a su infusión.

Saqué del bolsillo un cuaderno de notas y un bolígrafo.

—¿Cuándo comenzó a trabajar en la Mansión Kraken? —pregunté.

—En 1941. Mi marido, Juan Vidal, había fallecido un año antes, dejándome sola a cargo de nuestro hijo.
—Carlos.
—Carlitos, sí. Eran tiempos muy malos, justo después de la guerra; había mucha miseria, mucha hambre y muy poco trabajo. Un amiga me dijo que un señor mayor buscaba una sirvienta y fui a la Mansión Kraken para intentar conseguir el puesto; creí que no podría ser, porque ¿quién iba a contratar a una viuda de veintidós años que cargaba con un hijo de tres? Pues bien, don Melquiades lo hizo: nos acogió a Carlitos y a mí en su hogar.
—¿Cómo era el señor Salazar?
—Un alma de Dios; el hombre más bueno que he conocido. Le estaré agradecida toda mi vida.
—Supongo que sabe que ha...
—Que ha muerto, sí —asintió—. Le lloré mucho y rezo por él todas las noches.

Le di un sorbo al café; era denso y, pese a las tres cucharadas de azúcar que le había añadido, muy amargo.

—Entonces, el señor Salazar la trataba bien... —dije.
—Era todo un caballero —asintió ella—, siempre respetuoso y atento. Pero sobre todo adoraba con locura a Carlitos; era como si fuese su nieto. Le compraba la ropa, le pagaba el mejor colegio de Santander, le regalaba juguetes... Muchas veces, cuando Carlitos era muy pequeño, mientras yo estaba ocupada con alguna tarea, don Melquiades le cuidaba, porque le encantaba estar con él.
—Su hijo debía de ser muy especial —comenté.

—Mucho. Era muy inteligente; en el colegio sacaba todo sobresalientes. —Suspiró—. Aunque también era muy travieso y eso al final...

Su mirada se nubló.

—¿Le gustaba leer? —pregunté.

Sacudió levemente la cabeza, como si quisiera espantar la tristeza.

—¿A Carlitos? Muchísimo; siempre estaba leyendo. Por las noches, cuando era pequeño, le obligaba a apagar la luz a las nueve y media, para que durmiese, y él se metía bajo las mantas con una linterna para seguir leyendo.

—He visitado la mansión —dije—, y encontré en la biblioteca un montón de revistas de terror. ¿Eran de su hijo?

La mujer asintió.

—Le encantaban esa clase de historias. Don Melquiades se las conseguía a través de sus amigos libreros. A mí no me hacía mucha gracia que Carlitos leyera cuentos de miedo, pero don Melquiades decía que eran inofensivos, y que lo importante es leer.

—Muchas de esas revistas están en inglés —observé.

—Ya le he dicho que Carlitos era muy listo; aprendió inglés para poder leer lo que le gustaba. Don Melquiades le enseñó.

—¿Sabe si su hijo tenía algún escritor favorito?

Doña Soledad se encogió ligeramente de hombros.

—No lo recuerdo.

—¿Le mencionó alguna vez a un autor norteamericano llamado H. P. Lovecraft?

La mujer desvió la mirada y entrecerró los ojos haciendo memoria.

—Me suena —dijo, dubitativa—, puede ser...

Hubo un silencio que aprovechamos para tomar nuestros cafés.

—¿A su hijo le gustaba escribir? —pregunté.

—Muchísimo; tanto que don Melquiades le regaló una máquina de escribir. Aún conservo algunos cuentos suyos; casi todos son de miedo. Si quieres puedo enseñártelos.

—Me encantará verlos —asentí—. Dígame una cosa: ¿el dormitorio de su hijo era el que está pintado de azul?

Doña Soledad asintió con un cabeceo.

—Don Melquiades dijo que ese color era más relajante.

Me quedé pensativo unos instantes y pregunté:

—¿Sabe lo que hay encima del armario?

Por primera vez, el melancólico rostro de esa pobre mujer se distendió con una sonrisa.

—La habitación secreta —dijo—. Don Melquiades hizo venir a unos albañiles para que se la construyeran a Carlitos como regalo por su décimo cuarto cumpleaños. Decía que un chico debe tener un lugar suyo donde aislarse. A mí no me hacía gracia que trepara por el armario, temía que pudiera caerse... —Su expresión se ensombreció—. Al final, esa manía de trepar le acabó costando la vida...

Advertí que las lágrimas se acumulaban en las comisuras de sus ojos y me dije que ya bastaba de atormentar a esa buena mujer con los recuerdos. Además, ya había averiguado todo lo que quería saber, así que cambié de tema y durante un rato le estuve preguntando por la vida de Salazar, aunque en realidad eso ya no me interesaba.

Cuando di por finalizada la entrevista, doña Soledad me enseñó los cuentos que había escrito su hijo. Eran ocho, todos escritos a máquina, todos de terror y todos de estilo Lovecraft. Le dije que Carlos escribía muy bien, y era cierto. Sin duda fue un chico muy listo.

Se había hecho muy tarde, eran casi las dos, y doña Soledad insistió en invitarme a comer. Yo no quería abusar de su amabilidad, pero creo que a ella le gustaba mi compañía, así que acepté. Había preparado un plato típico cántabro, el sorropotún, una marmita de bonito con patatas que estaba buenísima. Mientras comía, estuve considerando si debía hablarle del espectro de la mansión. Por un lado, supuse que le gustaría saber que su hijo había sobrevivido de alguna forma a la muerte; pero, por otro, pensé que la imagen del chico convertido en un fantasma vagando por una casa deshabitada resultaba un tanto deprimente. Al final no supe qué hacer y no dije nada.

Después de comer, me despedí de doña Soledad dándole las gracias por su colaboración y regresé a Santander, satisfecho por haber resuelto, al menos en parte, el misterio de la Mansión Kraken.

* * *

Terminé de contar la historia de mi encuentro con Soledad Márquez cuando llegamos a la altura de la

Segunda Playa. Violeta se detuvo, apoyó los codos sobre la barandilla que, en lo alto, bordeaba la playa y se quedó mirando al oscuro mar pensativa. Desde allí se divisaban las luces del Sardinero reflejándose en las aguas. La noche era fresca y el cielo estaba cuajado de estrellas; olía a salitre y a vegetación húmeda.

—Entonces —dijo ella sin mirarme—, el monstruo era una imagen creada por el fantasma de un niño.

—De un adolescente —asentí.

—¿Y cómo es que puede crear imágenes?

Me encogí de hombros.

—No lo sé, Violeta. Tampoco sé cómo hace esos ruidos, ni cómo consigue que huela mal, ni cómo baja la temperatura. No tengo ni idea de qué puede hacer o no hacer un fantasma.

Sobrevino un silencio matizado por el sonido de las olas al romper.

—Pues menudo adolescente más cabrito —murmuró ella—, yendo por ahí dando sustos a la gente.

—No creo que Carlos sea mal chico —dije—. Cuando estaba vivo le gustaba mucho el género de terror, y ahora que está muerto se da el capricho de protagonizar sus propias historias de miedo.

De pronto, Violeta se volvió hacia mí, me señaló con un acusador dedo y me espetó:

—¡Eres un desgraciado, una mala persona, lo peor de lo peor!

Vaya por Dios, pensé: ¿y ahora qué había hecho?

—¿Qué he hecho ahora? —pregunté con cara de inocencia.

—¿Que qué has hecho? —Violeta, muy enfadada, dio una patadita en el suelo y puso los brazos en jarras—. ¿Tú sabes el miedo que he pasado en esa maldita casa? ¿Por qué no me contaste todo lo que me has contado ahora antes de montar el numerito de médium psicópata que has montado?

—Pero, pero... —balbuceé—. Te advertí de que vieras lo que vieras no era real...

—Claro, así sin más explicaciones, ¿verdad? Nos metemos en una casa que ya da miedo sin que pase nada, aparece ante mis ojos un monstruo horrible de lo más real y se supone que tengo que hacer caso antes a lo que tú me digas que a mis ojos. ¿Es eso? ¿Tanto te habría costado contármelo antes?

Abrí la boca para defenderme, pero la volví a cerrar. En realidad, mi prima tenía razón. Andrés y ella se habían puesto tan tontos conmigo (sobre todo Andrés) que decidí darles una lección. Es decir, darles un susto de muerte.

—Es verdad —dije—; debería habértelo contado. Lo siento.

Violeta se quedó mirándome con cara de morirse de ganas de darme un puñetazo.

—Estoy muy enfadada —dijo—. No me hables.

Y echó a andar hacia la ciudad. La seguí en silencio, y en silencio recorrimos todo el camino. A veces tenía la sensación de que mi prima no se sentía enteramente a gusto si no estaba cabreada conmigo. Finalmente, llegamos a Villa Candelaria; Violeta sacó las llaves para abrir el portón de entrada y en ese momento un joven salió de un coche que estaba aparcado en la acera de enfrente.

—Espera, Violeta...

Era Andrés.

—He ido a buscaros, pero ya os habíais ido —dijo mientras se acercaba.

Sin hacerle el menor caso, sin mirarle siquiera, Violeta abrió el portón, tiró de mí para obligarme a entrar y cerró dando un portazo. Avanzamos unos pasos por el sendero; de golpe, se detuvo y me miró con el ceño fruncido.

—Ya estás borrando esa estúpida sonrisa de tu estúpida cara —me espetó.

Tenía razón, estaba sonriendo. Puse cara de póquer.

—Sigo enfadada contigo, que lo sepas —prosiguió—. He pasado tanto miedo que me he hecho pipí.

—¿Te has mea...?

—Como se te ocurra reírte, te atizo —me interrumpió—. Y no empieces a ponerte medallas por haber averiguado quién es el fantasma, porque seguimos sin saber dónde están los documentos de Salazar. Y eso a tu «novia» —dijo «novia» con mucho retintín— no le va a gustar. ¿Crees que puedes comunicarte con ese fantasma delincuente juvenil?

Carraspeé y me encogí de hombros.

—No parecía muy dispuesto a colaborar... —respondí.

—Pues más vale que se te ocurra algo. Mientras tanto, en lo que a mí respecta, puedes irte a la mierda.

Dicho esto, me dio la espalda y entró en la casa.

Dejé escapar un suspiro; más que una prima tenía un inquisidor.

* * *

Aquella noche le di muchas vueltas a la cabeza antes de dormirme. Pensaba en los fantasmas, sobre todo en qué eran y por qué eran. ¿Por qué algunas personas mueren y se convierten en espectros y otras no? ¿Cuál es el aspecto determinante para que un fallecido se convierta en una aparición? Años atrás, a raíz de mi sobrenatural encuentro con Beatriz Obregón, y antes de que me esforzara en convencerme a mí mismo de que no existían los espíritus, leí mucho sobre apariciones fantasmales y espiritismo. Algunos autores sostenían que los fantasmas son las almas de personas que han dejado algo pendiente en el mundo de los vivos, que todavía tienen asuntos que resolver. Por eso se atan a un lugar y permanecen allí hasta que su labor inacabada se completa. Solo entonces pueden descansar en paz.

En el caso de Beatriz estaba claro: su espíritu rondaba por Villa Candelaria para conseguir que alguien encontrara las Lágrimas de Shiva. Una vez recuperado el collar, ya no volvió a aparecerse, salvo para protegerme a mí de las alucinaciones creadas por Carlos; qué mujer más estupenda.

Pues bien, ¿por qué un adolescente de quince años, fallecido por accidente en los años 50, se había convertido en fantasma? ¿Qué deuda había dejado pendiente? Supongo que yo debía de estar muy espeso esa noche, porque tardé casi una hora en darme cuenta de lo que era, y otra hora más en comprender lo que debía hacer.

Solo entonces pude dormirme.

13. Charlando con un fantasma

Al día siguiente, por la mañana, quedé con Elena en la terraza del Rhin y le conté lo que había averiguado y lo que había sucedido la noche anterior.

—¿Entonces es el fantasma de un niño? —dijo ella, asombrada.

—Exacto. No el espectro de un sádico negrero como imaginábamos, sino el espíritu de un chico de quince años con mucha imaginación.

Se quedó pensativa.

—Bueno —dijo—, un poco sádico sí que es, dando esos sustos. ¿Y ahora qué vamos a hacer?

Ladeé la mirada y contemplé la playa. Hacía un día espléndido; con la llegada de agosto, los turistas habían invadido el Sardinero y ahora se tostaban al sol tumbados sobre la arena. Me volví hacia Elena y dije:

—Carlos lleva veinte años vagando por la Mansión Kraken, así que ha sido testigo de todo lo que sucedía allí. Tiene que saber qué hizo Salazar con sus documentos.

—¿Y se lo vas a preguntar?

—Sí.

—¿Cómo?

Le conté mi plan. No era muy largo, ni muy complicado, pero cuando acabé Elena me miró con sincera admiración.

—¿Vas a volver a la mansión? —dijo.
—Esta noche.
—Me pone los pelos de punta solo de pensarlo. Eres la persona más valiente que he conocido.
—Bah —dije con estudiada humildad—, solo es un chico de quince años.

Elena me abrazó y me dio uno de esos besos suyos de diosa del amor.

* * *

Vi a Violeta durante la comida, pero no me dirigió la palabra en ningún momento y luego se encerró en su cuarto, así que no pude hablar con ella para contarle lo que me proponía hacer. A las ocho de la tarde metí en una carpeta el manuscrito del Círculo Escarlata, un puñado de folios en blanco y un bolígrafo. Una hora después, Elena vino a buscarme; subí al Mini con la carpeta y partimos hacia la Mansión Kraken. Quince minutos después, aparcamos frente a la casa.

—Te esperaré aquí fuera —dijo ella.

Negué con la cabeza.

—No sé cuánto voy a tardar. Será mejor que te vayas; ya volveré andando.

—¿Seguro?

Asentí. Elena me dio un largo beso; luego salí del coche, me despedí agitando la mano y contemplé cómo el vehículo se alejaba hasta desaparecer más allá de la valla. Con la carpeta bajo el brazo, me di la vuelta y contemplé el edificio, que envuelto en las sombras parecía tan siniestro como siempre. Caminé hasta la puerta y me detuve. Respiré hondo y, para infundirme valor, me repetí por enésima vez: «Solo es un chaval de quince años».

Acto seguido, introduje la llave en la cerradura, abrí la puerta y fui directo al salón. Tras encender las luces, dejé la carpeta sobre una mesa y dije en voz alta:

—Hola, Carlos. Vengo en son de paz, así que no empieces a tirar cosas, ¿vale? Escucha, lo primero que voy a hacer es disculparme. Ayer estuve muy borde, lo siento. Mis amigos no creían en ti, así que fui borde contigo para que aparecieras y les demostraras que eres real. Perdóname por ser tan maleducado.

Guardé silencio a la espera de alguna señal, pero no sucedió nada.

—He vuelto para proponerte un trato —continué—. Quiero encontrar los documentos de Melquiades Salazar y tú sabes qué hizo con ellos. A cambio de tu ayuda...

Saqué de la carpeta el manuscrito del Círculo Escarlata y lo sostuve en alto.

—Tú estabas escribiendo esto, pero la palmaste antes de poder terminarlo. Qué mala suerte; entiendo que estés enfadado. Bueno, pues ahí va mi propuesta: me ofrezco a ayudarte a ponerle fin al relato. ¿Sabes cómo? ¿Has oído hablar de la «escritura automática»? Yo no lo he hecho nunca, pero la cosa es más o menos así: me siento, pongo unos papeles delante de mí, empuño un bolígrafo y me pongo en trance; entonces tú entras en mi cuerpo y usas mi mano para escribir lo que te venga en gana. ¿De acuerdo? —Hice una pausa y añadí—: Puedes dar golpes; si das uno es no, y si das dos es sí. Adelante, espero tu respuesta.

Me callé y durante un largo minuto no sucedió nada. Entonces dos golpes retumbaron en la casa. Supongo que ya debería estar acostumbrado, pero el vello se me puso de punta.

—Eso es un sí —dije—. Vale, voy a poner el ambiente adecuado.

Encendí una lámpara pequeña y apagué la luz general, dejando el salón en penumbra. Me senté a la mesa, puse los folios frente a mí y cogí el bolígrafo.

—Vas a tener que ayudarme —dije—, porque no sé cómo demonios se entra en trance.

No las tenía todas conmigo. ¿Y si no pasaba nada? O, peor aún, ¿y si pasaba algo? ¿Y si Carlos entraba en mí y decidía quedarse? Realicé una profunda inspiración para calmarme. Sosteniendo el bolígrafo encima de los folios en blanco, perdí la mirada y me puse a esperar. Y esperé quince minutos sin que nada ocurriese. Y luego media hora. Y después una hora.

Y en algún momento entre la primera hora y la segunda, me quede dormido.

* * *

Desperté con la boca seca y dolor de cabeza. También se me había dormido una pierna. Consulté el reloj: era medianoche. Me incorporé y comencé a masajearme la extremidad para desentumecerla. Entonces, sin pretenderlo, mis ojos se posaron en los folios que descansaban sobre la mesa. Y di un brinco. Al instante me olvidé del dolor de cabeza, de la sequedad de boca y de la pierna dormida, porque los folios, antes en blanco, ahora estaban cubiertos por una escritura que no era la mía.

Los recogí apresuradamente, me aproximé a la lámpara, me senté en una silla y comencé a leer.

14. La secta del Círculo Escarlata (final)

(...) Fui a la cocina a por un farol de queroseno y lo prendí antes de iniciar el descenso al sótano. El profesor Corrigan estaba muy alterado a causa de la siniestra ceremonia que habíamos contemplado en la playa y no dejaba de hablar de ello mientras bajábamos por la escalera que conducía al subsuelo de la casa. Al llegar al sótano, Corrigan miró en derredor y preguntó:

«¿Dónde está eso que ha encontrado?».

Sin responderle, me aproximé a uno de los muros, presioné un resorte oculto y una puerta se entreabrió en la pared.

«¡Una entrada secreta!», exclamó Corrigan, sorprendido.

«Hasta ayer desconocía su existencia», respondí.

Empujé la puerta y nos adentramos en la estancia que se abría al otro lado, un cubículo cuadrangular de unos diez metros de lado, con muros de piedra y el techo ligeramente abovedado. En el centro había un agujero completamente circular de unos cuatro metros de diámetro, con el perímetro delimitado mediante una circunferencia de negras piedras basálticas.

«¿Qué es esto?», murmuró el profesor.

Alcé el farol e iluminé las inscripciones grabadas en uno de los muros.

«Estos son los signos que le comentaba», dije. «¿Sabe qué es?».

«Alfabeto atlante», respondió. «Es la oración a Voor Sytaris».

«El pozo es muy extraño», dije. «Acérquese y mire hacia el interior».

Corrigan se aproximó al borde de la oquedad, bajó la mirada y profirió una exclamación de sorpresa, pues el interior del pozo estaba iluminado por un fantasmal resplandor verdoso que parecía brotar de las paredes.

«¿A qué se debe esa fosforescencia?», musitó.

«Creo que son algas bioluminiscentes», respondí. «Pero fíjese en el fondo y verá algo aún más sorprendente».

Corrigan clavó la mirada en el interior del pozo y comentó:

«Parece que hay agua ahí abajo».

«En efecto, el mar penetra bajo la tierra y llega hasta el subsuelo de la mansión», respondí.

Durante un buen rato permanecimos de pie, con la mirada fija en lo más hondo de aquel agujero. De pronto, las aguas se agitaron, como si una bestia descomunal emergiera del interior del mar. Y un enorme ojo apareció en el fondo del pozo, un ojo circular, sin pupila, de color intensamente escarlata. El ojo de Voor Sytaris.

«¡Por amor del cielo, qué...!», exclamó Corrigan, aterrado.

No pudo terminar la frase; yo se lo impedí al propinarle un violento empujón que lo arrojó al interior del pozo. Durante un instante pareció quedar suspendido en el aire, con la cara vuelta hacia mí y una expresión de sorpresa y horror en el rostro. Casi sentí pena por él; al menos toda la pena que se puede experimentar hacia un intruso que se ha entrometido donde nadie le ha invitado.

Era tan patético... Había confundido el culto a los Primigenios con la adoración a Voor Sytaris, sin sospechar que la auténtica ceremonia de veneración al Gran Destructor, al Devorador de Almas, tendría lugar aquí, en la Mansión Kraken, y que él sería la víctima propiciatoria para el holocausto destinado a satisfacer el hambre infinita de Voor Sytaris. En su inocencia, ni siquiera se le había pasado por la cabeza que el título de sumo sacerdote del Círculo Escarlata era hereditario, que pasaba de padres a hijos y así había llegado hasta mí. Sí, su ingenuidad era digna de lástima, pero también de desdén.

Un grito de puro terror brotó de los labios del académico conforme se precipitaba hacia el interior del pozo. Pero no llegó a alcanzar el fondo, pues un gigantesco tentáculo brotó del agua y lo atrapó en el aire. Los gritos de Corrigan se incrementaron. Entonces, el ojo de Voor Sytaris se centró en él y comenzó a absorberle la esencia vital; y, conforme el alma abandonaba su cuerpo, sus alaridos fueron debilitándose hasta desvanecerse. Luego, el tentáculo sumergió el cuerpo en las aguas y a mis oídos llegó el sonido de los huesos del profesor al ser triturados por unas fauces monstruosas.

Conmovido y alborozado, dejé caer la cabeza y recité la antiquísima letanía:

«Voor Sytaris, aklan akartis, leth xumal akiné»...

F I N

15. *Mensajes en las estrellas*

Acabé de leer el final del cuento y permanecí unos minutos pensativo.

—Me ha gustado mucho tu historia, Carlos —dije en voz alta—. Felicidades, escribes muy bien. Escucha, se me ha ocurrido algo: si me ayudas a encontrar los documentos de Salazar, haré lo posible por que publiquen tu relato. ¿De acuerdo?

Aguardé la respuesta, pero no sucedió nada.

—¿Me has oído, Carlos? —dije—. Ayúdame a encontrar los documentos e intentaré que publiquen *La secta del Círculo Escarlata*.

Esperé unos minutos más; solo escuché el silencio.

Decepcionado, me puse en pie, me desperecé, empecé a darme la vuelta y pegué un brinco. Porque allí, en mitad del salón, estaba la fantasmal figura de un adolescente.

—¡Demonios, qué susto me has dado! —exclamé.

Carlos tenía el rostro en sombras, pero me pareció entrever que sonreía. Alzó una mano y me indicó con un gesto que le siguiera. Acto seguido, echó a andar hacia la puerta que daba al despacho y la atravesó.

Tras una breve vacilación, le seguí. Abrí la puerta del despacho de Salazar y me adentré en su interior. La habitación estaba en penumbras, tan solo tenuemente iluminada por la escasa luz que provenía del salón. La figura del muchacho, de pie en el centro de la estancia, desprendía un leve resplandor fosforescente.

—¿Los documentos están aquí? —pregunté.

Carlos alzó una mano y señaló alternativamente los medallones pintados en las paredes; primero la alegoría de la primavera, luego la del verano, después la del otoño y finalmente la del invierno. Por último, señaló la chimenea.

—¿Quieres decir que quemó los documentos? —pregunté, desconcertado.

Carlos negó con la cabeza y, con ademanes impacientes, volvió a señalar los medallones y la chimenea.

—No te entiendo... —musité.

Carlos se quedó mirándome; finalmente, hizo un gesto con la mano, como dándome por imposible, y desapareció.

—¿Carlos...? —dije.

Nadie respondió. Dejé escapar un suspiro, encendí la luz y me aproximé a la chimenea. Durante no sé cuánto rato la examiné de arriba abajo, buscando un compartimento oculto, un resorte, algo..., pero no encontré nada. Abandoné la búsqueda y me quedé mirando los medallones pintados en las paredes. ¿Estaría ahí la respuesta? ¿Serían las diez letras que aparecían debajo de cada uno alguna especie de clave? Le di vueltas y más vueltas, me devané los sesos buscando una solución, y no llegué a ninguna parte. Pasada la medianoche, cansado y exasperado, dije en voz alta:

—¿No podrías ser más concreto, Carlos?

Tras una breve pausa, sonó un estridente golpe. Solo uno; eso significaba «NO». Volví a suspirar, recogí mis papeles, apagué las luces y abandoné la Mansión Kraken con rumbo al Sardinero.

* * *

Al día siguiente me desperté muy temprano. Cuando la noche anterior regresé a Villa Candelaria, todo el mundo estaba dormido, así que no pude hablar con Violeta sobre lo que había pasado en la mansión. Además, estaba tan hecho polvo que prácticamente perdí el conocimiento en cuanto me tumbé en la cama. Pero incluso en sueños mi cabeza debió de seguir dándole vueltas al misterio, porque me desperté al amanecer pensando obsesivamente en el enigma de Salazar. Y, por desgracia, sin haber encontrado la solución.

Durante el desayuno, Violeta siguió pasando de mí; pero ya me había acostumbrado a que me tratara como a un perro, así que en cuanto mi prima se levantó dignamente para volver a su cuarto, fui tras ella y le dije:

—Necesito las fotos del despacho de Salazar.

Me miró con la expresión de quien levanta una piedra y encuentra un amasijo de bichos debajo.

—¿Para qué? —preguntó en un tono que podría congelar un vaso de agua.

—Anoche estuve en la Mansión Kraken y llegué a un acuerdo con Carlos.

El desprecio de su mirada se transformó en interés.

—¿Qué pasó? —preguntó.

—Vamos a tu cuarto y te lo cuento.

Nos dirigimos al dormitorio de mi prima, nos sentamos en el borde de su cama, que todavía estaba deshecha, y le conté punto por punto todo lo que había sucedido la noche anterior. Cuando acabé, Violeta me pidió el final de *La secta del Círculo Escarlata*; fui a buscárselo y, al acabar de leerlo, comentó:

—Qué chaval más morboso.

—Es género de terror —le disculpé—. Imita a Lovecraft, pero escribe bien.

Se quedó pensativa.

—Entonces —dijo—, el Carlitos de las narices señaló los frescos y luego la chimenea, ¿no? Sin embargo, tú no encontraste nada en la chimenea...

—Eso es.

Violeta se dirigió a su escritorio, se sentó frente a él y abrió la carpeta que contenía las fotografías de la mansión. Cogí una silla y me acomodé a su lado. Mi prima había desplegado las fotos de los frescos y las contemplaba con intensidad.

—Siempre me mosquearon esas letras —murmuró—. Está claro que hay un texto cifrado en ellas. ¿Pero cuál es la clave para descifrarlo...?

—Si te fijas —observé—, la segunda casilla de la alegoría del verano, donde está la eme, tiene un tono más oscuro que las otras.

—Ya. ¿Y eso qué significa?

Me encogí de hombros.

—No se me ocurre nada.

Estuvimos más de una hora rompiéndonos la cabeza para encontrar algún sentido en aquel amasijo de letras. Al cabo de un rato, cogí un papel y empecé a contarlas.

—Hay seis aes —dije—, cinco es, tres ies, una o, una u, tres emes...

—Javier —me interrumpió Violeta.

—¿Qué?

—Así no vas a llegar a ninguna parte.

Tenía razón, pero no llegamos a ninguna parte de ninguna manera. Cuando la cabeza nos empezó a echar humo, bajamos al jardín con las fotos, nos sentamos en el banco de piedra y seguimos comiéndonos el coco con aquel jeroglífico.

Entonces, a eso de las once de la mañana, Azucena salió de la casa con una bolsa de playa, nos saludó y se dirigió a la salida. Me quedé mirando a Violeta.

—Oye —dije—, ¿tu hermana no es un genio?

Violeta se levantó como un resorte y dijo:

—Espera, Azucena, ¿tienes prisa?

La más joven de las Obregón se detuvo junto a la puerta de la valla.

—He quedado en la playa con unas amigas, pero no, no tengo prisa. ¿Qué pasa?

Le contamos a grandes rasgos nuestro problema. Azucena dejó la bolsa en el suelo y examinó atentamente las fotografías de los frescos.

—Contadme lo que sepáis sobre Melquiades Salazar —dijo.

Se lo contamos con todo detalle. Cuando acabamos, Azucena cogió las fotografías, volvió a examinarlas y preguntó:

—¿Puedo llevarme un rato estas fotos?
—Claro —respondió Violeta—. ¿Adónde vas?
—A mi cuarto. Necesito papel y lápiz para intentar resolver esto.
—Si quieres, puedes intentarlo después de la playa —dije—. No hay prisa.
—Da igual —respondió ella—; no he quedado a ninguna hora en concreto, y esto no me llevará mucho tiempo.

Entró en la casa y yo me quedé mirando la puerta. El problema que nos estaba volviendo locos, ¿a ella no le iba a llevar mucho tiempo resolverlo? Sentí ganas al mismo tiempo de matarla y de besarla.

***

Solo tardó tres cuartos de hora; casi el tiempo que nos llevó a Violeta y a mí arreglar nuestros dormitorios y volver a bajar al jardín. Diez minutos después, apareció Azucena con las fotos y unos papeles.

—Ya está —se limitó a decir—. Lo que no sé es si tendrá sentido para vosotros.

Se sentó en el banco y Violeta y yo nos acomodamos a su lado. Azucena sacó un papel donde había dibujado las cuadrículas de los frescos y nos lo mostró:

—Estos son los grupos de letras por el orden que señaló vuestro fantasma: primavera, verano, otoño e invierno.

B	C
A	R
E	U
E	E
K	H

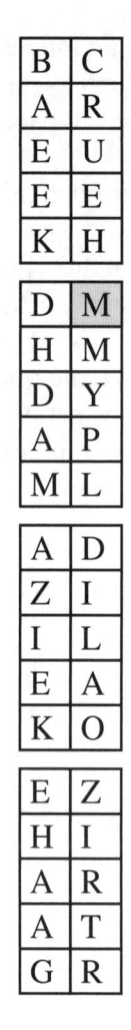

D	M
H	M
D	Y
A	P
M	L

A	D
Z	I
I	L
E	A
K	O

E	Z
H	I
A	R
A	T
G	R

—Cada una por separado no significa nada —prosiguió—, pero si las juntamos todas, obtenemos esto...

Sacó otro papel.

B	C	D	M	A	D	E	Z
A	R	H	M	Z	I	H	I
E	U	D	Y	I	L	A	R
E	E	A	P	E	A	A	T
K	H	M	L	K	O	G	R

—¿Y eso qué significa? —pregunté.

—Todavía nada —respondió Azucena—. La clave para descifrar el texto está en dos detalles. Según me habéis contado, Salazar jugaba al ajedrez, una afición que le venía de familia. Por otro lado, si os fijáis, veréis que en cada uno de los frescos hay una pequeña cabeza de caballo, como la pieza del ajedrez.

Miramos las fotos y, en efecto, ahí estaban las cabezas de caballo.

—¿Y qué? —preguntó Violeta.

—¿Conocéis ese pasatiempo que se llama «Salto del Caballo»? —respondió Azucena en tono tranquilo—. Las letras de una frase están distribuidas en un tablero de ajedrez de forma aparentemente desordenada, una letra por casilla. El juego consiste en reconstruir la frase ordenando las letras según los movimientos del caballo sin volver a pasar nunca por la misma casilla. Como sabéis, el caballo se mueve avanzando dos cuadros en horizontal o vertical y un cuadro más a izquierda o derecha, como si trazarais una L.

—Pero eso no es un tablero de ajedrez —objeté.

—No, el tablero de ajedrez tiene sesenta y cuatro escaques o casillas, y este tiene solo cuarenta.

Pero el proceso es el mismo. Todo lo que hay que saber es cuál es la casilla de inicio, y ahí la tenéis marcada con un sombreado: la cuarta de la primera fila, donde está la M. Ahí debe iniciar el caballo los movimientos.

Con la vista fija en la cuadrícula, intenté realizar mentalmente los saltos del caballo, pero casi enseguida me hice un lío.

—¿Y tú lo has descifrado? —pregunté.

Azucena asintió.

—Al principio fue difícil —dijo—, porque son palabras muy raras. Pero cuando me di cuenta de lo que eran, todo resultó más sencillo.

Sacó de nuevo un papel con una serie de letras escritas a mano:

MIZARALIOTHALKAIDMEGREZPHECDADUBHEYMERAK

—¿Y eso qué es? —preguntó Violeta, perpleja.

—Si separamos las palabras, se entiende mejor —dijo Azucena poniendo otro papel ante nuestros ojos.

MIZAR, ALIOTH, ALKAID, MEGREZ, PHECDA, DUBHE Y MERAK

—Sigo sin tener ni idea de lo que es eso —dijo Violeta.

Pero yo sí lo sabía. ¡Bendita ciencia ficción!

—¡Son estrellas! —exclamé—. ¡Las siete estrellas que forman la constelación de la Osa Mayor!

—Exacto —asintió Azucena sonriente—. ¿Significa algo para vosotros?

—¿Estrellas? —Violeta negó con la cabeza.

—¡La chimenea! —casi grité—. En la parte alta, en la cornisa de mármol hay tallados un Sol, una Luna y, entre medias, un campo de estrellas.

—¿Y está la Osa Mayor? —preguntó Violeta.

—No me acuerdo... —murmuré.

Busqué a toda prisa entre las fotos del despacho, pero la chimenea siempre aparecía en plano general y no se distinguían los detalles.

—Tenemos que volver a la mansión para comprobarlo —dije.

Azucena se puso en pie y recogió su bolsa del suelo.

—Si no queréis nada más, me voy a la playa.

—Muchas gracias, Azucena —le dije de todo corazón—. Eres la bomba. Cuando vuelvas, ¿podrías firmarme un autógrafo?

Se echó a reír.

—No seas tonto —dijo mientras se dirigía a la salida—. Tarde o temprano lo habríais descubierto vosotros mismos.

Yo no estaba nada seguro de eso. Mi prima pequeña, con solo dieciséis años, probablemente era la persona más inteligente que he conocido en mi vida. A aquellos descerebrados machistas que aún sostienen que las mujeres son menos listas que los hombres, les sugiero que charlen un rato con mi primita, y que luego cierren la bocaza y se la metan donde les quepa.

Azucena Obregón era, sencillamente, extraordinaria. No me extrañaba que mi tío se sintiera como un chimpancé a su lado. A mí mismo me entraban ganas de pelar un plátano con los pies.

* * *

Telefoneé a Elena y le conté todo lo que habíamos averiguado. Le dije que teníamos que volver a la Mansión Kraken y ella quedó en venir a buscarnos después de comer. Se presentó pasadas las cuatro; Violeta y yo subimos al Mini y partimos hacia la casa de Salazar.

—¿Estáis seguros de que esas estrellas servirán para encontrar los documentos? —preguntó Elena.

—Seguros, lo que se dice seguros, no —respondí—. Pero algo deben de significar.

—Vale, suponiendo que la Osa Mayor esté representada en la chimenea, ¿qué hay que hacer?

—Ya veremos —contestó Violeta con aire ensimismado.

Diez minutos después, llegamos a la Mansión Kraken, cruzamos el jardín y Elena aparcó frente a la entrada principal. Bajamos del coche; el día se había nublado y negros nubarrones ocultaban el sol amenazando tormenta. Elena se quedó mirando el edificio con aprensión.

—Me da cosa entrar ahí... —dijo en voz baja.

—No va a pasar nada —la tranquilicé—. Carlos ya sabe que no puede asustarnos, así que no lo intentará. Pero si hace algo, recuerda que es un chico de quince años, que es inofensivo y que nada de lo que puedas ver o escuchar será real.

—No sé... —titubeó ella.

Algo apartada, Violeta nos contemplaba con el ceño fruncido. De pronto, sonó un trueno y comenzó a llover a mares. Corrimos a la entrada, abrí la puerta con la llave y entramos en el recibidor. Encendí la luz.

—Bueno, ya estoy dentro... —murmuró Elena, mirando a un lado y a otro con cara de no tenerlas todas consigo.

Entramos en el salón y lo cruzamos en dirección al despacho. Abrí la puerta, encendí las luces y nos adentramos en la habitación. Sin perder un instante, nos acercamos a la chimenea y la contemplamos atentamente. Y ahí, tallados en medio de la cornisa, rodeados de estrellas más pequeñas, podían verse los siete astros que dan forma a la constelación de la Osa Mayor.

—Ahí está... —murmuré.

Sobrevino un largo silencio salpicado por los estampidos de los truenos y el batir de la lluvia contra las ventanas. De vez en cuando, el destello de los relámpagos poblaba de sombras grotescas el despacho.

—Vaya día —comentó Elena con una sonrisa nerviosa—; da un poquito de miedo. —Señaló la chimenea—. ¿Y ahora qué?

—No sé qué posición ocupa cada estrella —dije con la mirada fija en la cornisa. Entonces recordé algo.

Me acerqué a la librería que se alzaba detrás del escritorio, elegí uno de los tomos de la Enciclopedia

Británica y busqué «Great Bear», que es como se dice Osa Mayor en inglés. Cuando lo encontré, regresé junto a Violeta y Elena, puse el libro abierto encima de la repisa de la chimenea y les mostré una ilustración:

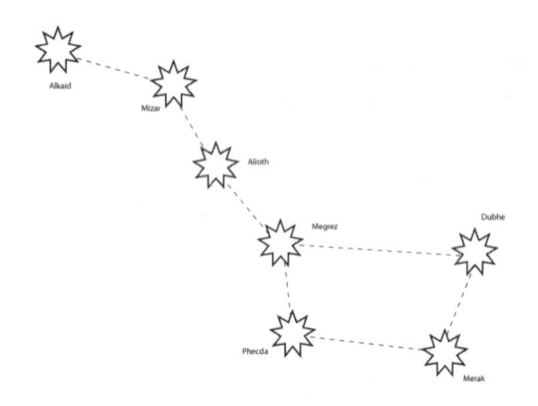

—Así están distribuidas las estrellas de la Osa Mayor —dije. Saqué del bolsillo uno de los papeles que nos había dado Azucena y lo consulté—. Según el texto cifrado, la primera estrella es Mizar...

Era la segunda empezando a contar por la izquierda. Tendí una mano y la rocé con los dedos, un resalte frío y suave sobre el mármol de la cornisa. Lo presioné y se hundió hasta el fondo. En realidad era un botón.

—La segunda estrella es Alioth... —dije.

Era la tercera por la izquierda. La presioné. Y luego seguí con Alkaid, y con Megrez, y con Phecda, y con Dubhe..., y cuando finalmente oprimí Merak, la última estrella, un ruido de engranajes y cadenas comenzó a sonar, y en el interior de la chimenea se abrió la base del hogar, mostrando una pequeña escalera que conducía a una estancia situada en el subsuelo. Abajo titilaban las luces de unos tubos de neón encendiéndose.

—Otra habitación oculta —murmuró Violeta.

Nos quedamos en silencio. Señalé la escalera y sugerí:

—¿Las damas primero?

Ninguna de las dos se movió, así que me encogí de hombros y comencé a bajar los peldaños.

16. El ojo de Dios

La escalera conducía a una de las estancias más raras que he visto en mi vida. Era rectangular, de unos seis metros de largo por cuatro de ancho, con el suelo ajedrezado. En cierto modo parecía un templo; allí donde en una iglesia estaría el altar había tres mesas, una en el centro y otras dos más pequeñas a cada lado. Detrás colgaba de la pared un tapiz rojo con el dibujo de un compás y una escuadra entrecruzados y un gran ojo en el centro; y en ambos extremos, una Luna y un Sol. A cada lado de la sala había cinco sillas pegadas a las paredes; y en el otro extremo, dos pequeñas columnas y otras dos mesitas. En uno de los muros, al fondo, se veía una puerta cerrada.

—¿Qué es esto? —murmuró Elena, mirando extrañada a su alrededor.

—No tengo ni idea... —dije.

Violeta paseó lentamente por la sala y dijo:

—Es una logia masónica.

—¿Una qué? —preguntó Elena.

—Una logia, el lugar donde se reúnen los masones para celebrar sus ceremonias. Cuando me enteré de que Salazar había pertenecido a esa sociedad, fui a la biblioteca pública para informarme. —Señaló hacia el «altar»—. En esa mesa del centro se sienta el

Venerable Maestro, que es el miembro que preside la reunión. En el tapiz de detrás hay símbolos masónicos: la escuadra y el compás, el Ojo de Dios, el Sol y la Luna. Esas dos columnas se llaman Jaquin y Boaz.

—¿Y qué hace una logia masónica aquí, oculta bajo el suelo? —preguntó Elena.

—Supongo que Salazar y sus compañeros masones la usaban para celebrar sus reuniones en la clandestinidad —respondió Violeta—. Y está oculta para que la policía no pueda encontrarla.

Más tarde supe que aquella habitación secreta la había mandado construir el bisabuelo de Melquiades, Aníbal Salazar, el negrero sádico. No quiero ni imaginarme con qué oscuros propósitos. Mucho después, cuando el Gobierno franquista declaró ilegal la masonería, Melquiades y sus compañeros instalaron en ella una logia. Me imaginé a aquel grupo de hombres reuniéndose periódicamente en secreto desde 1940, siempre con miedo a ser detenidos, envejeciendo, reduciendo su número con cada fallecimiento. Hasta que solo quedo uno que, finalmente, también murió. Era triste, como lo era todo lo relacionado con la dictadura. Pero también pensé que Melquiades debía de haber sido feliz, o al menos había encontrado consuelo, en aquel recinto subterráneo. Y quizá, como él disfrutaba de una habitación secreta, había decidido construir otra para Carlos, el niño a quien tanto quería.

—Por eso el sótano de la casa es tan pequeño —observó Violeta, sacándome de mis pensamientos—. La mayor parte del espacio lo ocupa esta habitación.

Elena señaló la puerta del fondo.

—¿Y eso? —preguntó.

Me aproximé a la puerta, la abrí y tanteé con la mano en busca del interruptor. Encendí la luz y entramos en una pequeña habitación de unos doce metros cuadrados; había un escritorio de madera, una mesa auxiliar, un sillón de cuero, un archivador y una estantería llena de álbumes. De las paredes colgaban dibujos con motivos masónicos.

Ahí estaba el auténtico despacho de Melquiades Salazar.

* * *

Violeta sacó uno de los álbumes de la estantería y lo abrió: estaba lleno de sellos.

—Aquí está la colección filatélica de Salazar —dijo.

Abrí el archivador; contenía un montón de carpetas.

—Y aquí sus documentos —dije.

—¿Por qué guardaría el viejo sus cosas en este lugar? —preguntó Elena—. Es pequeño y no hay luz natural; habría estado mucho más cómodo en el despacho de arriba.

—Por una parte es el sitio más seguro de la casa —respondí mientras revisaba las carpetas—. Y por otra..., supongo que le gustaba estar aquí.

—¿Bajo tierra?

—Sí, encerrado con sus recuerdos, con sus ideales, con sus esperanzas frustradas, con sus sueños rotos...

—Como todos los españoles que perdieron la guerra —murmuró Violeta.

Una de las carpetas estaba marcada con el rótulo «Títulos de Propiedad». La cogí y se la entregué a Elena.

—Creo que esto es lo que buscabas —dije.

Elena abrió la carpeta sobre el escritorio y comenzó a examinar los documentos que contenía. A mí me había llamado la atención otra carpeta; en su interior había dos folios escritos a mano con pulcra caligrafía. Me puse a leerlos.

—¡Aquí está el título de propiedad de la mansión! —exclamó Elena, alborozada.

Sin hacerle caso, seguí leyendo.

—¡Y las facturas de compraventa! —prosiguió ella.

No aparté la mirada de los dos folios manuscritos hasta que llegué al final. Violeta estaba en un rincón, apoyada en la pared con actitud pasiva, mirándonos como si asistiera a una función teatral. Elena alzó la vista de los documentos que estaba examinando y me contempló con una radiante sonrisa.

—¡También están los títulos de propiedad de las fincas! —exclamó—. ¡Te voy a comer a besos, Javier!

Avanzó hacia mí con los brazos abiertos, pero se detuvo al ver la seriedad de mi rostro.

—¿Qué pasa? —preguntó.

—Hay un problema —respondí.

La sonrisa vaciló en sus labios.

—¿Qué problema?

—Esto —dije, alzando los folios—. Es el testamento de Melquiades Salazar.

Su bello rostro se ensombreció.

—¿Y qué pone?

Me aclaré la voz con un carraspeo y puse cara de circunstancias.

—Está firmado el veinticinco de julio de 1968. Salazar le deja la mitad de su fortuna a las dos sirvientas que le cuidaron durante los últimos años, doña Soledad Márquez y doña Rosario Martínez, a repartir a partes iguales. La Mansión Kraken y el resto de sus propiedades se las dona a la Unicef.

Elena me miraba con incredulidad; ya no sonreía.

—¿La Unicef? —repitió.

—Es la organización de las Naciones Unidas para la protección de la infancia y...

—¡Ya sé lo que es la Unicef! —gritó interrumpiéndome—. ¿Y no nos menciona a nosotros en el testamento?

Negué con la cabeza. Elena resopló.

—No puede ser —dijo—. Eso solo son unos papeles escritos a mano, sin notario ni nada. No es legal.

—Sí que lo es —intervino Violeta en tono distante—. Se llama «testamento ológrafo» y es totalmente válido.

Elena boqueó un par de veces, como si las palabras adecuadas para expresar su enfado se le atropellaran en los labios.

—¡No es justo! —dijo al fin—. Nosotros somos sus parientes, y el muy desgraciado se lo deja todo a unas desarrapadas y a la puñetera Unicef.

—Apenas os conocíais —señalé.

—Pero compartimos parte de nuestra sangre, éramos familia; eso tiene que significar algo, ¿no? Es muy injusto.

Elena se dio la vuelta y guardó silencio durante largo rato. Luego, se volvió hacia mí y me miró fijamente.

—Si ese testamento no existiese —dijo—, no habría problemas.

—Pero existe.

—Ya, y eso ¿quién lo sabe?

—Pues nosotros...

—Claro, pero si no contáramos nada, nadie más lo sabría.

Su rostro se dulcificó con una sonrisa. Se aproximó a mí, me abrazó y me susurró al oído:

—Dame el testamento, Javier; yo me ocuparé de él.

—Pero...

Me abrazó con más fuerza. Noté sus maravillosos senos apretados contra mí, el calor de su cuerpo, su olor a Chanel, la dulzura de su aliento.

—Si me entregas el testamento —dijo en voz baja, sensual, seductora—, sabré agradecértelo, Javier. Y no te puedes ni imaginar cómo y cuánto te lo voy a agradecer.

Miré a Violeta esperando que interviniese, que dijera algo; pero mi prima se limitaba a contemplarnos en silencio, inexpresiva.

—Por favor, Javier —susurró Elena—; dámelo.

La miré; era tan bonita, tan sexi... Miré el testamento. Volví a mirarla a ella. Luego, eché la cabeza atrás, cerré los ojos, inhalé una profunda bocanada de aire y la exhalé lentamente...

17. Cuatro días después

Siempre me han gustado los jardines de Piquío. Están en el Sardinero, entre la Primera Playa y la Segunda, de cara al mar, y se extienden por varios niveles comunicados mediante escaleras.

Hay un lugar en ese jardín que me fascina. Es una rotonda abierta al océano, como un balcón, en cuyo centro se alza una pequeña escultura que representa al globo terrestre. Es una esfera de piedra de sesenta y cinco centímetros de diámetro con los continentes y los mares pintados en su superficie. Se encuentra situada a ras de suelo, sobre un pequeño pedestal, en medio de una rosa de los vientos. Su eje polar está orientado al Norte con una inclinación de 43.5° sobre la horizontal.

La gente piensa que es un simple adorno, pero cuatro años antes tío Luis me explicó que en realidad se trata de un ingenioso instrumento astronómico llamado Tierra Paralela. Resulta que el eje de la esfera es paralelo al eje de la Tierra, de forma que la luz del Sol incide sobre la esfera exactamente igual que sobre el planeta. Es decir que la parte que queda en sombras en la esfera coincide con la parte de la Tierra en que es de noche. Observándola, puedes saber cuándo amanece y cuándo anochece en cada punto del planeta.

Y además es un reloj, porque si te fijas en dónde se inicia la línea de sombra en la esfera, averiguas cuál es la hora solar. Supongo que a la mayor parte de la gente todo esto le importa un bledo, pero a mí me parecía mágica esa relación entre aquellos jardines, el mar y el cosmos.

Vale, estoy divagando, ya lo sé. Pero eso es lo que llevaba cuatro días haciendo: divagar. Les había dicho a mis tíos que quería recorrer Cantabria para conocerla mejor y que estaría fuera de casa la mayor parte del tiempo, de modo que no contaran conmigo para comer y cenar.

Y eso hice. Salía de casa tempranísimo, antes de que los demás se levantaran, y estaba todo el día fuera hasta que, pasada la medianoche, regresaba a Villa Candelaria y todos dormían. A lomos de autobuses, visité Santillana del Mar, Castro Urdiales, los Picos de Europa, el Valle del Pas... Pero no se trataba de hacer turismo; en realidad, quería estar solo, no ver a nadie.

Y casi lo logré, con una única excepción. El día anterior, poco antes de las siete de la mañana, abandoné mi dormitorio sigilosamente camino de la salida. Entonces, se abrió la puerta del dormitorio de Azucena y apareció mi prima pequeña en pijama.

—Buenos días, Javier —me saludó sonriente.

—Buenos días —respondí en voz baja, acercándome a ella—. Perdona, ¿te he despertado?

—No, ya estaba despierta. Estos días no te dejas ver.

—Es que estoy visitando Cantabria y me levanto muy temprano.

—Ya. Violeta me ha contado lo que ha ocurrido.
Me encogí de hombros.
—Bueno —dije—, cosas que pasan...
—¿Estás bien?
Simulé una sonrisa.
—Sí, estupendamente.
Sobrevino un silencio.
—¿Has hablado con Violeta? —preguntó.
—Últimamente no, la verdad.
Me contempló durante unos segundos en silencio.
—¿Recuerdas lo primero que te dije hace cuatro años? —preguntó.
—Cómo voy a olvidarlo: me llamaste tonto.
—Exacto, eras tonto y lo sigues siendo. Lo que no sospechaba es que mi hermana también fuese tan tonta. ¿Sabes lo que os pasa a Violeta y a ti? Que estáis muertos de celos.

Puse cara de sorpresa.
—¿Celos? ¿De qué?
Azucena se me quedó mirando con ironía.
—Voy a ver si duermo un poquito más, Javier —dijo—. Pásalo bien con tus viajes.
Volvió a entrar en su dormitorio y cerró la puerta. ¿Celos? Menuda tontería, pensé. Y me fui de casa sin dedicarle siquiera un mínimo pensamiento.

A la mañana siguiente, la mañana del martes, salí de Villa Candelaria muy temprano, como siempre, con rumbo a la estación de autobuses, pero a mitad de camino cambié de idea. Estaba harto de viajar en autobús, así que me di la vuelta, desayuné en el Rhin, fui a resolver un asunto y luego estuve paseando por el Sardinero.

Dicen que el azar es la única fuerza de la naturaleza que tiene sentido del humor. Lo malo es que ese humor puede ser muy cruel. Aquella mañana, por pura casualidad, mientras paseaba sin rumbo, me crucé con Elena. Estaba guapísima, enfundada en un top rojo y unos *shorts* vaqueros. Tuvo que verme forzosamente, pero miró a través de mí y pasó de largo. Mariano iba de su brazo y él sí advirtió mi presencia; me dedicó una sonrisa de felicidad y me guiñó un ojo.

Con el ánimo sombrío, me dirigí a los jardines de Piquío, me senté en uno de los bancos de la glorieta donde está la Tierra Paralela y me sumí en mis más bien sombrías reflexiones. Al poco, a eso del mediodía, percibí vagamente que alguien se sentaba a mi lado, pero no le presté atención. Instantes después, una voz dijo:

—Hola, Javier.

Volví la mirada; era Violeta.

* * *

Llevaba unos pantalones cortos, una blusa ancha de color blanco y sandalias en los pies. A su lado, sobre el banco, descansaba una bolsa de playa. No sé por qué, pero no me sorprendió verla.

—Hola, Violeta —dije.

—¿Qué haces?

—Nada. ¿Y tú?

—Iba a la playa y te he visto. Creía que estabas viajando por ahí.

—Eso pensaba hacer, pero hoy no me apetecía.
Me miró, pensativa.
—Sin embargo, te has ido de casa tempranísimo —dijo—. Hace cuatro días que no sé nada de ti. ¿Me estás evitando?
Negué con la cabeza.
—No es eso, Violeta; es que... quería estar solo.
Hubo un silencio.
—Hiciste bien —dijo ella—. Actuaste como debías.
Solté una risita amarga.
—Oh, sí, soy un santo.
—Fue Elena la que actuó mal —insistió mi prima—. Quería que hicieras algo ilegal e injusto. Y tú te portaste de maravilla entregando el testamento en el juzgado.
Dejé escapar un cansado suspiro.
—Ya lo sé, Violeta —dije—, ya sé que hice lo que debía. Por eso lo hice, porque era lo justo. Pero qué quieres que te diga, no me gustan ni un pelo las consecuencias.
Mi prima guardó unos segundos de silencio.
—Cuando se le pase el enfado —dijo—, Elena volverá contigo.
Solté otra risita nada alegre.
—No, no lo hará. Esta mañana me he cruzado con ella y ni me ha mirado. Además, se ha reconciliado con su ex.
Violeta bajó la mirada y murmuró:
—Lo siento...
Nos quedamos callados.
—Hace un rato he ido a la estación y he comprado el billete de regreso a Madrid —dije al cabo de unos minutos.

—¿Cuándo vuelves?

—Mañana.

Abrió mucho los ojos, sorprendida.

—¿Mañana? ¿Pero por qué? Estamos a principios de agosto, tienes todo un mes de vacaciones por delante.

—Ya no pinto nada en Santander, Violeta —respondí—. ¿Recuerdas por qué me llamaste? Querías que resolviera el misterio de la Mansión Kraken, ¿verdad? Pues mira, soy un genio, lo he resuelto. Soy más listo que la repera. Fíjate lo listo que soy que lo único que he conseguido es pasar más miedo que vergüenza en esa puñetera casa encantada. Y perder a la chica con la que salía. Y que tú hayas estado todo el tiempo cabreada conmigo.

—Yo no me he cabreado contigo —protestó ella.

Resoplé.

—Vamos, Violeta, no lo niegues. Siempre estás enfadada conmigo, siempre encuentras algo en mí que te disgusta. Está claro que te caigo fatal.

—Yo no...

—Pero da igual —la interrumpí—. Ya no tengo nada que hacer en Santander, y no tengo a nadie con quien estar. Tú te montas tu vida con Andrés, ¿y yo qué quieres que haga? ¿Ver la televisión que no tenéis?

Violeta me miró fijamente.

—Ya no salgo con Andrés —dijo.

—¿Qué?

—Me dejó tirada, Javier. Cuando apareció aquel monstruo en la mansión, Andrés salió corriendo y pasó de mí. Luego me llamó por teléfono disculpándose, que si le había pillado por sorpresa, que si reaccionó sin pensar, que no volverá a hacerlo... —Sacudió la cabeza—. Le he mandado a la mierda; no puedo estar con alguien que se porta así.

Tuve ganas de aplaudir y decirle que me alegraba, porque Andrés era un imbécil, pero no me pareció oportuno, así que me limité a decir:

—Vaya, lo siento.

Violeta recogió su bolsa, se la colgó al hombro y se incorporó.

—Vamos a dar un paseo —dijo.

A la izquierda de la glorieta, una escalera conducía a un nivel inferior del jardín, desembocando en una solitaria terraza orientada hacia la Segunda Playa. Bajamos allí; Violeta se acodó en la barandilla y contempló la línea costera. Había muchos menos bañistas que en la Primera Playa.

—No me caes mal, Javier —dijo, volviéndose hacia mí—. Todo lo contrario.

—Pues quién lo diría. Pero si los últimos días que hemos estado juntos ni me dirigías la palabra.

Violeta suspiró.

—Es que... —dijo—. Es que me sacas de quicio.

—¿Por qué? ¿Qué hago para sacarte de quicio?

Se encogió de hombros.

—Nada, pero... —Titubeó, como si no supiera muy bien qué decir o cómo decirlo—. Según Azucena, tú y yo estábamos celosos el uno del otro.

Asentí.

—También me dijo eso a mí.

—Me pareció una tontería. Lo que hubo entre nosotros fue un romance de adolescentes, una chiquillada. Ya casi ni me acordaba. Pero entonces apareciste tú, tan cambiado, y yo... —Respiró hondo—. Luego te vi con Elena y... —Asintió lentamente, como si le costara trabajo expresarse—. Azucena tiene razón, me entraron unos celos tremendos. Y lo pagué enfadándome contigo. Ahora dime tú: ¿por qué te llevabas tan mal con Andrés?

Me quedé pensando. O intentando pensar, porque la cabeza me daba vueltas; yo no estaba hecho para esos asuntos del corazón, me sobrepasaban.

—Porque Andrés es idiota —respondí—. Y porque..., vale, no soportaba veros dándoos el piquito. Me entraban ganas de matarlo. Pero, demonios, me mosqueaba con él, no contigo. ¿Por qué te saco yo tanto de quicio?

Violeta dejó caer la bolsa al suelo y comenzó a pasear de un lado a otro con el ceño fruncido. Luego, se paró frente a mí con los brazos en jarras y me espetó:

—Porque me gustas, imbécil; y eso me saca de quicio.

Sacudí la cabeza, perplejo.

—¿Por qué? No lo entiendo.

—Pues porque estaba Andrés, y luego estaba Elena, y además... ¡Maldita sea, Javier, somos primos carnales! ¡Es casi un incesto!

—No es incesto —protesté.

—Pues casi. Además, tú vives en Madrid, pero yo vivo en Santander y estudio en Barcelona. Es todo muy complicado, es un lío...

Se quedó mirándome con expresión de enfado, como si me retara a contradecirle sobre lo de que todo era un lío. Pero yo no tenía la menor intención de hacerlo, porque estaba de acuerdo: la vida es un lío. De modo que hice lo primero que se me ocurrió: la besé.

Fue un beso muy breve, tan solo duró dos o tres segundos; el tiempo que tardó Violeta en empujarme y sacudirme una bofetada que me hizo ver las estrellas. Me llevé la mano a la cara, dolorido y sorprendido, y ella me dedicó una mirada asesina.

Un instante después, sin solución de continuidad, Violeta se arrojó sobre mí, me abrazó con fuerza y me dio un largo y apasionado beso.

* * *

Cuando los labios de Violeta se separaron de los míos, me la quedé mirando con las cejas alzadas y pregunté:

—¿Me vas a sacudir otra vez?

Sonrió, avergonzada.

—No, claro que no... Es que me has pillado por sorpresa y no he sabido reaccionar.

—Pues si llegas a saber, me matas.

—Perdóname, lo siento. ¿Te he hecho daño?

—Sí.

Me acarició la mejilla.

—Pobrecito...

Nos quedamos en silencio, mirándonos sin saber qué decir.

—¿Y ahora qué? —pregunté.

—Vamos a sentarnos.

Violeta agarró su bolsa y nos acomodamos en uno de los bancos, de cara al mar. Durante un rato nos limitamos a contemplar el vaivén de las olas mientras, por encima de nosotros, sonaban los graznidos de las gaviotas.

—¿Estabas enamorado? —preguntó mi prima.

—¿De quién?

—De mi abuela. ¿Pues de quién va a ser? De Elena.

Me encogí de hombros.

—No lo sé —respondí—. Solo llevábamos un par de semanas juntos, apenas nos conocíamos. Es divertida y... en fin, también es muy guapa.

—¿Más que yo? —preguntó, muy seria y con una ceja alzada.

Alcé las manos mostrando las palmas en un gesto de apaciguamiento.

—No te enfades, ¿vale? Eres preciosa, Violeta; pero Elena es la tía más guapa que he visto en mi vida. —Entrecerré los ojos y arrugué la cara, como si fuera a encajar un golpe—. Y si me vas a pegar, hazlo ahora que estoy preparado.

Se echó a reír.

—No seas tonto; ya sé que Elena está más buena que yo. No soy ciega. Pero ¿la querías?

Volví a encogerme de hombros.

—¿Me atraía? Sí —dije—. ¿Estaba enamorado de ella? No lo sé. De todas formas, no teníamos ningún futuro; pertenecemos a mundos muy distintos, no podíamos durar demasiado. Supongo que el verano y poco más. —Carraspeé—. Y tú, ¿estabas enamorada de Andrés?

Asintió con la cabeza.

—Solo llevábamos cuatro meses juntos —dijo—. Pero me parecía tan adulto, tan culto e inteligente... Le admiraba mucho. Luego, cuando echó a correr y me dejó tirada, fue como si una escultura bonita se hiciera pedazos. Sí, estaba enamorada; pero te juro que ahora solo con pensar en él me cabreo.

—Podemos fundar el club de los corazones rotos —comenté. Y añadí más en serio—: Bueno, ¿y ahora qué pasa con nosotros? Porque soy muy burro, Violeta, no me entero. Por ahora, nos hemos dado un par de besos y tú me has arreado una bofetada, así que lo bueno va ganando dos a uno sobre lo malo. Y después, ¿qué?

Violeta arqueó las cejas.

—¿Tú qué quieres que pase? —preguntó.

Me rasqué la cabeza, pensativo.

—No sé —dije—. ¿Más besos?

—¿Seguro? —replicó con ironía—. Ten en cuenta que no estoy tan buena como Elena...

Qué difíciles son a veces las mujeres, pensé.

—Eres preciosa, Violeta —dije. Luego señalé con un dedo su frente y añadí—: Pero lo más maravilloso lo tienes ahí, dentro de esa cabeza tan dura, y en eso Elena no te llega ni a la altura de los zapatos.

Mi prima desvió la mirada y exhaló una bocanada de aire.

—Va a ser un lío, Javier... —dijo.

—Todo es un lío —respondí.

Violeta giró la cabeza y me miró, sonriente. La verdad es que era preciosa.
—Vale —dijo—: más besos.
Así que nos besamos.

18. Hacia la Luna

Esa misma tarde devolví el billete de tren, dispuesto a pasar un cálido y placentero mes de agosto en Villa Candelaria, un agosto de no hacer nada, de tumbarme en la arena, de nadar entre las olas, de ver anochecer desde el jardín de Piquío junto a una chica inteligente y preciosa, un agosto de besos, de abrazos y de amor.

Pocos días después, durante la comida, tío Luis hizo un solemne anuncio:

—Ya he terminado el nuevo cohete. Esta tarde lo haremos volar. ¿Quién se apunta?

Tía Adela, supongo que cansada de las excentricidades de su marido, declinó la propuesta. Rosa había quedado con Gabriel, así que al final solo Violeta, Azucena y yo acompañamos a tío Luis. Fuimos al mismo sitio donde habían tenido lugar los anteriores, y frustrados, lanzamientos, y montamos el cohete sobre su base. Al acabar, advertí algo con cierta alarma.

—Es más grande que los otros —dije.

—Sí, más grande —asintió tío Luis.

—Pero entonces tendrá más combustible, ¿no?

—Claro.

—Y si explota, la explosión será más potente, ¿verdad?

Tío Luis hizo un ademán, como desdeñando esa posibilidad.

—No va a explotar —aseguró—, no seas gafe, sobrino. —Se aproximó al cohete y señaló la parte superior—. Recordadlo: en la punta del cohete hay una ojiva con un altímetro dentro. Cuando el cohete agote su combustible, es decir, cuando haya alcanzado la máxima altura, la ojiva se desprenderá y caerá a tierra sustentada por un paracaídas, así que tenemos que estar todos pendientes de ver dónde aterriza. ¿De acuerdo?

Asentimos con disciplinada simultaneidad. Luego, nos refugiamos tras el todoterreno, tío Luis me entregó el disparador y me advirtió:

—Ahora todo está en tus manos, sobrino. Concéntrate y aprieta con sabiduría ese botón.

—Lo haré lo mejor que pueda, capitán Kirk —bromeé en tono solemne.

—De acuerdo —asintió tío Luis—. Antes de nada, os juro una cosa: si ese cacharro no vuela, quemaré mi título de ingeniero. Adelante, puede comenzar la cuenta atrás.

Azucena se aclaró la voz e inició el conteo:

—Diez..., nueve..., ocho..., siete..., seis..., cinco..., cuatro..., tres..., dos..., uno... ¡Ignición!

Oprimí el disparador. Un chorro de llamas brotó de la tobera y el cohete salió lanzado hacia el cielo, recto como una flecha, y subió, subió, subió hasta desaparecer de nuestra vista. Soltamos gritos de júbilo, pero tío Luis los acalló advirtiéndonos:

—Ahora hay que ver dónde cae. Todos atentos.

Alzamos las miradas y oteamos el cielo abarcando los cuatro puntos cardinales. Al cabo de unos minutos, Violeta, que se ocupaba de vigilar el oriente, exclamó:

—¡Ahí está!

En efecto, a unos ciento cincuenta metros de distancia, la ojiva planeaba hacia el suelo colgando de un pequeño paracaídas rojo. Como era de esperar, aterrizó en la rama de un árbol. Echamos a correr hacia ella; por el camino temí que se diera por supuesto que debía ser yo quien rescatara la ojiva, pues se me daba fatal eso de trepar, pero al final fue Azucena la que resolvió el problema. Sin dudarlo un instante, se agarró a las ramas más bajas, trepó por el árbol con la agilidad de un mono y, en un pispás, descolgó la ojiva, volvió a bajar y se la entregó a su padre.

Tío Luis sacó el altímetro del interior de la ojiva y lo examinó.

—El cohete ha alcanzado tres kilómetros doscientos metros de altitud —declaró con orgullo. Se volvió hacia mí y me dijo—: ¿Comprendes lo que eso significa, sobrino? La Luna está a trescientos ochenta y cuatro mil cuatrocientos kilómetros de la Tierra, de modo que ya solo nos faltan trescientos ochenta y cuatro mil trescientos noventa y seis kilómetros y ochocientos metros para alcanzarla. ¿Quieres decir unas palabras?

Me llevé la mano derecha al corazón y, remedando a Neil Armstrong, declamé:

—«Es un pequeño paso para un hombre, pero un gran salto para la humanidad».

Tío Luis estaba tan contento por el éxito de su cohete que aquella noche invitó a toda la familia a una mariscada en el puerto. Para que luego digan que la carrera espacial no sirve de nada.

** * *

Fue el segundo mejor verano de mi vida; o quizá el primero, no lo sé. Mejor desde luego que viajar en Interrail, mejor que ir al Caribe, mejor que cualquier alternativa que pueda imaginar. Y fue tan extraordinario porque Violeta y yo estábamos juntos.

En fin, no quiero ponerme cursi. Violeta y yo hicimos todo lo que suelen hacer los enamorados, y algunas cosas más de nuestra propia invención. Todo fue miel, azúcar y jarabe; quizá demasiado dulce para algunos paladares, pero para los nuestros, pura ambrosía. Mi prima ni siquiera se enfadó demasiado conmigo.

Pero todo llega a su fin, y aquel verano de 1973 acabó concluyendo. El viernes treinta y uno de agosto, por la mañana, me despedí de tía Adela, de Rosa y de Azucena, y tío Luis y Violeta me llevaron a la estación. Al llegar, mi tío se quedó esperando en el coche y Violeta me acompañó al andén. Subí la maleta al vagón, cogí un paquete, algo que había comprado el día anterior, y me reuní de nuevo con mi prima.

—Toma —dije, entregándole el paquete—. Para que te acuerdes de mí.

—Vaya, yo no te he comprado nada...

—No importa —bromeé—; los hay que tienen detalles y las hay que no.

—¿Qué es? —preguntó, sopesando el paquete.

—Pues no sé. Tiene forma de libro, pero no te fíes.

Violeta lo desenvolvió a toda prisa. Era, en efecto, un libro de Alianza Editorial; se llamaba *Los mitos de Cthulhu* y era una antología de relatos, algunos de H. P. Lovecraft y otros basados en su obra, pero escritos por otros autores.

—¿Son historias de terror? —preguntó Violeta.

—Sí.

—¿Y quieres que me acuerde de ti leyendo cuentos de miedo?

—Sí, muñeca —respondí, impostando la voz en plan tipo duro—. Yo soy tu monstruo.

Se echó a reír, me abrazó y... Pero he prometido que nada de cursiladas. Al cabo de un rato, el silbato del tren reverberó en la estación, anunciando la próxima salida del convoy. Subí al vagón, me asomé a la ventanilla y, cuando el tren se puso en marcha, agité la mano para despedirme de mi prima. Conforme su silueta se empequeñecía en la distancia, sentí que una dulce tristeza me humedecía los ojos.

Una parte de mí se quedaba en Santander.

* * *

Llegué a Madrid a última hora de la tarde. Papá vino a buscarme a la estación y me llevó a casa. Abracé a mamá y les prometí a los dos que, cuando deshiciera el equipaje, les contaría todo lo que me había ocurrido durante las vacaciones.

—¿Has encontrado alguna otra joya valiosa? —preguntó papá en broma.

—Pues no —respondí—. Pero he encontrado una herencia perdida aún más valiosa que las Lágrimas de Shiva.

—¿Y eso? —dijo papá—. Suena interesante, cuenta, cuenta...

—No te habrás metido en algún lío, ¿verdad? —dijo mamá, mirándome con preocupación.

—No, mamá; he sido bueno —respondí—. Luego os lo cuento.

Cargando con la maleta, me dirigí a mi dormitorio. Al atravesar el pasillo, mi hermano salió de su cuarto y se cruzó conmigo.

—Hombre, ya has vuelto, capullo —murmuró sin molestarse en mirarme.

Iba a contestarle con algún sarcasmo, pero cambié de idea. Dejé la maleta en el suelo y dije:

—Espera un momento, Alberto.

Mi hermano se detuvo y me contempló con desdén.

—¿Qué quieres, *pasmao*?

Me lo quedé mirando, muy serio.

—¿Tan mal te caigo? —pregunté.

—¿Qué?

—¿De verdad crees que soy un capullo, un pasmado, un gili, un grano de pus y todo eso que me llamas? ¿Tan despreciable te parezco?

—Eh, eh, córtate chaval —se defendió—; que tú también me pones a parir.

—Es verdad —asentí—; cada vez que nos hablamos es para meternos el uno con el otro, tanto tú como yo. Pero... ¿por qué lo hacemos?

—Pues porque es lo que hemos hecho siempre.

—Ya, cuando éramos unos críos, vale; pero ¿ahora? Ya somos mayorcitos, Alberto. Podríamos intentar llevarnos mejor, ¿no crees?

Se me quedó mirando con las cejas levantadas.

—A ti te pasa algo —dijo—. ¿No te habrás hecho de alguna secta, testigo de Jehová o qué sé yo?

—Solo digo que ya no es divertido estar todo el día insultándonos.

—Pero no es de verdad —protestó—. Es en broma.

—Pues si las burradas que nos decimos no son verdad, no las digamos. Vamos a procurar llevarnos bien, ¿vale?

Alberto se encogió de hombros.

—Lo intentaré —aceptó—, pero no sé si me va a salir...

—Si pones empeño, seguro que lo consigues.

Mi hermano me miró con el ceño fruncido; al poco, agitó un dedo en mi dirección y dijo:

—A ti te pasa algo, macho.

Luego se dio la vuelta y desapareció pasillo adelante.

Cogí la maleta y me dirigí a mi dormitorio. Encendí la luz, puse la maleta sobre una silla y me dejé caer en la cama boca arriba. Durante unos minutos me quedé tumbado, con la vista fija en el techo, sin pensar en nada. Cerré los ojos y evoqué lo que había ocurrido durante las últimas semanas.

Recordé la Mansión Kraken, los frescos con el mensaje cifrado, las habitaciones secretas, los documentos perdidos, el manuscrito de la terrible e inexistente secta del Círculo Escarlata, el monstruo de Lovecraft surgiendo de las sombras, el fantasma de un adolescente llamado Carlos... Fueron experiencias muy intensas, pero ya había terminado todo.

Abrí bruscamente los ojos y me senté en la cama. No, todavía no había terminado; aún tenía una promesa que cumplir.

Epílogo

Dos años más tarde, a mediados de diciembre de 1975, regresé a la Mansión Kraken.

Las cosas habían cambiado mucho en España. Tres semanas antes, el 20 de noviembre, Franco, el viejo dictador, había muerto y ahora un rey ocupaba la jefatura de gobierno. Todo el país asistía expectante al nuevo rumbo que tomaban los acontecimientos, aunque el cambio aún no había hecho más que comenzar.

Yo también estaba cambiando: me había dejado barba. En público aseguraba que lo había hecho porque me daba pereza afeitarme, pero era mentira. Lo hice por coquetería, porque pensaba que la barba me daba un aire interesante, más maduro e intelectual. Mi madre decía que estaba feísimo, pero a mí me gustaba la imagen que me devolvía el espejo.

Cuando recordaba los sucesos acaecidos en la residencia de los Salazar durante el verano del 73, curiosamente lo que con más nitidez aparecía en mi memoria era el manuscrito de la secta del Círculo Escarlata. Al principio, cuando lo encontramos, llegué a dudar de si los acontecimientos narrados en ese texto eran auténticos o no. Finalmente resultó que se trataba de una ficción, un cuento de miedo escrito al estilo de Lovecraft por un adolescente. Pero yo había adquirido una deuda con ese adolescente; le había prometido a Carlos (o, mejor dicho, a su fantasma) que si me ayudaba a encontrar los documentos perdidos intentaría publicar su relato.

Por aquel entonces, en España había una revista de ciencia ficción y fantasía llamada *Nueva Dimensión*. Tenía su sede en Barcelona y uno de sus responsables era Domingo Santos, un conocido escritor, traductor y editor de género fantástico y ciencia ficción. En el otoño del 73 pasé a máquina el manuscrito y a finales de noviembre lo envié a la redacción de la revista, junto a una carta en la que contaba la historia del texto; básicamente, que lo había escrito un chico de quince años en 1953, que su autor murió al poco y que el texto había permanecido oculto durante veinte años. Por supuesto, no mencioné los aspectos sobrenaturales del asunto; no quería que me tomaran por loco.

Domingo Santos me respondió por carta al mes siguiente, diciéndome que estaban interesados en la publicación del relato. Pero tardaron mucho, mucho tiempo en hacerlo. Finalmente, en el número setenta y dos de la revista, correspondiente a diciembre de 1975, *La secta del Círculo Escarlata* apareció en las páginas de *Nueva Dimensión*.

El viernes doce de ese mismo mes, cogí un tren y viajé a Santander. Me hospedé en Villa Candelaria; solo iba a estar allí el fin de semana, pero me apetecía reencontrarme con mis tíos y el resto de mis primas. El sábado por la mañana salí de casa con una bolsa de plástico en una mano y me dirigí a la Mansión Kraken. Estaba nublado y corría un viento helado. Por el camino me pregunté si podría entrar en la mansión; aún tenía las llaves que me había dado Elena, pero quizá habían cambiado las cerraduras.

Cuando, media hora más tarde, llegué al portalón que daba entrada al recinto, vi una valla sobre el muro en la que se anunciaba la próxima remodelación del edificio, aunque por los alrededores no se veía ni rastro de obras. Introduje la llave en el candado y lo abrí sin dificultad. Crucé el jardín, que seguía tan abandonado como siempre, me detuve ante la puerta de la mansión y llamé golpeándola con los nudillos, no fuera a ser que hubiera alguien dentro. Nadie respondió, así que giré la llave en la cerradura, abrí la puerta y me dirigí al salón. Todo estaba igual, incluso el jarrón hecho añicos y la lámpara rota. Me detuve en medio de la estancia, carraspeé y dije en voz alta:

—¿Estás ahí, Carlos? Soy Javier, estuve aquí hace dos años.

Silencio.

—Quizá no me reconozcas por la barba —insistí—. Soy el que encontró tu cuento, el que te ayudó a completarlo mediante escritura automática. ¿Te acuerdas?

Una pausa y, de pronto, sonaron dos estruendosos golpes. Di un salto del susto, pero me recompuse rápidamente. Dos golpes eran un sí.

—Hola, Carlos, me alegro de volver a hablar contigo —dije—. Hace dos años te prometí que, si me ayudabas a encontrar los documentos de Salazar, intentaría que publicasen tu relato. Tú cumpliste tu parte del trato y ahora, por fin, he podido cumplir con la mía.

Saqué de la bolsa el ejemplar de *Nueva Dimensión* y lo alcé por encima de la cabeza.

—Esta es la mejor revista española de ciencia ficción —dije—. Tu cuento comienza en la página 78; permíteme que te lea la introducción. —Abrí la revista por el lugar adecuado y comencé a leer en voz alta—: *La secta del Círculo Escarlata*, por Carlos Vidal Márquez. «*El autor de este relato tenía quince años cuando lo escribió en 1953. Por desgracia, falleció poco después y el texto estuvo perdido durante veinte años, hasta que apareció por casualidad en una casa abandonada. Con independencia de la edad del escritor, se trata de una brillante historia de horror cósmico que en nada desmerece a las creaciones de quien es su evidente modelo: H. P. Lovecraft. Dado lo temprano de su escritura, quizá sea el primer pastiche "lovecraftiano" escrito en nuestro idioma. Así pues, sigan adelante, lean y estremézcanse con las ominosas amenazas surgidas de la noche de los tiempos*». —Alcé la mirada y pregunté—: Bueno, Carlos, ¿qué te parece?

Durante una larga pausa no sucedió nada. Y de pronto sonaron siete golpes, siete estruendos con la cadencia de las notas musicales de «Una copita de Ojén». Ta ta-ta-ta-ta taaa-taaa. Sonreí, dejé la revista sobre una mesa, abierta por el relato, y dije:

—Adiós, Carlos. Y felicidades: escribes muy bien.

Me di la vuelta y me encaminé a la salida. Por fin había cumplido con mi palabra; todo había terminado.

Ah, no, claro; aún queda la gran pregunta: ¿qué pasó con Violeta y conmigo? Bueno, pues en Madrid se había inaugurado recientemente la Facultad de Ciencias de la Información, donde se impartían enseñanzas de imagen, publicidad y periodismo. Violeta pidió el traslado y cursó el resto de su carrera allí. Más tarde entró a trabajar como periodista en un periódico, y durante todo ese tiempo estuvimos juntos. Y desde entonces hasta ahora, jamás nos hemos vuelto a separar.

Como dije cuando narré lo ocurrido con el misterio de las Lágrimas de Shiva, esta es la típica historia con un final asquerosamente feliz.

Pero qué voy a hacerle; así fue como sucedió.

F I N

NOTA DEL AUTOR

Howard Phillips Lovecraft (Providence, 20 de agosto de 1890 – 15 de marzo de 1937) fue un escritor estadounidense de relatos de terror y ciencia ficción. Se le considera uno de los grandes innovadores del género, junto a autores clásicos como Edgar Allan Poe, Bran Stoker, Arthur Machen, Guy de Maupassant o Stephen King.

Su obra se inscribe en el llamado «terror cósmico», una corriente literaria que abandona la temática tradicional de horror sobrenatural (vampiros, demonios, brujas, etc.), incorporando elementos de ciencia ficción, como razas alienígenas o dimensiones paralelas. En sus relatos creó una mitología propia, los llamados Mitos de Cthulhu, que compartió con un grupo de escritores que, después de su muerte, siguieron desarrollándola.

La mayor parte de sus relatos fueron publicados por primera vez en la revista norteamericana *Weird Tales*. Entre sus obras más conocidas, cabe citar: *La llamada de Cthulhu* (1926), *El caso de Charles Dexter Ward* (1927), *El horror de Dunwich* (1928), *La sombra sobre Innsmouth* (1931) o *En las montañas de la locura* (1931).

En español se puede encontrar su narrativa completa en los dos tomos publicados en la colección Gótica de Editorial Valdemar (2017). También es interesante la antología *Los mitos de Cthulhu* (Alianza Editorial), con prólogo y selección de Rafael Llopis, donde se recogen relatos del propio Lovecraft y de sus seguidores del «Círculo Lovecraft».

Como curiosidad, añadiré que la primera persona que tradujo a Lovecraft al español fue mi padre, José Mallorquí, para *Narraciones Terroríficas*, revista que él dirigió entre 1939 y 1943.

OTROS TÍTULOS DE ESTE AUTOR

Las Lágrimas de Shiva

El maestro oscuro

El último trabajo del señor Luna

La cruz de El Dorado

La piedra inca

La puerta de Agartha

Las fabulosas aventuras del Profesor Furia y Mr. Cristal

La Fraternidad de Eihwaz

La isla de Bowen